宗教者の条件

「真実」と「誠」を
求めつづける生き方

RYUHO OKAWA
大川隆法

まえがき

目には見えない心の世界を対象とした仕事は、とても難しい。客観的な証拠など何もなくても、人々はその人の心の歪《ゆが》みを見抜いてくる。

それは宗教に限られることではなく、何においても、道を求める人には要求される条件があるということでもある。

「道の人」となるにはどうしたらよいのか。

さらには、信仰の世界に入《はい》って、宗教者として悟りを求めるには、平素からどういう心境や努力が必要なのか。

人は生まれによっても尊《とうと》いが、完全ではない。

この世で魂を磨くことによって完成するのだ。自分への厳しさを忘れた時、転落は近いと思わねばなるまい。

二〇一八年　四月十日

幸福《こうふく》の科学《かがく》グループ創始者兼総裁《そうししゃけんそうさい》　大川隆法《おおかわりゅうほう》

宗教者の条件　目次

第1章　その心は清らかか？

――宗教者の条件：マインド編（Q&A）――

二〇一七年九月十三日　説法《せっぽう》
幸福の科学　特別説法堂にて

Q2 自分の守護霊《しゅごれい》や生霊《いきりょう》をコントロールする方法　23

Q3 人の意見を聞ける人格者になるには　54

Q4 慢心《まんしん》に気づき、自己客観視するためのポイント

第2章　人としての真の賢《かしこ》さはあるか？
——宗教者の条件：人生の智慧《ちえ》編——

二〇一七年九月十四日　収録
幸福の科学　特別説法堂にて

第1章

その心は清らかか？

宗教者の条件：
マインド編（Q＆A）

2017年9月13日　説法《せっぽう》

幸福の科学 特別説法堂にて

Q1 二つの「まこと」――「宗教者」の基本中の基本

質問者A 「宗教者の条件」として、まず、「宗教者である」と言えるための、最も基本的な、基礎《きそ》となる精神性とは何かについて、お教えいただければ幸いです。

真理の「真《まこと》」と至誠《しせい》の「誠《まこと》」

大川隆法 それは、やはり、「まことを求める心」というところになるでしょうか。

ここで言う「まこと」というのは、真理の「真《しん》」でもありますし、誠実さの「誠《せい》」でもあります。

すなわち、「何が本当なのか」という、「真《まこと》」を常に求める心が大事であると同時に、宗教者として生きていくための自分自身の姿勢として、誠意、誠実、至誠《しせい》等の言葉で言われるような「誠《まこと》」というものを求めていかなければならないと思うのです。この二つの「まこと」を求めていくことが大事なのではないでしょうか。

真理という意味での「真」とは、大宇宙に存在する普遍《ふへん》的ないろいろな要素のなか、あるいは人間の数限りない営《いとな》みのなか、また、歴史におけるさまざまな事象等のなかから、「真理とは何か」をつかみ出していくための工夫《くふう》です。

それは、知識的な勉強が必要とされると同時に、その知識が実践《じっせん》のなかで使われたときにも、きちんと機能するかどうか、つまり、火のなか、水のなかをくぐるような体験をしながら、真理を確かめつつ進んでいくことが大事だと思うのです。

さらに、それを実践している人自身が、自《みずか》らを少しずつ鍛《きた》え鍛え鍛えて、自分のなかの弱さや甘《あま》さ、易《やす》きにつく心等を克服《こくふく》しながら、常に「誠なる心」「至誠の心」を求めて成長していくことが大事です。その成長に応じて、見えてくる真理の大きさや幅《はば》もあるでしょうし、あるいは、そのなかで、遠くにあるものまで見えてくる目も養われていくのではないでしょうか。

したがって、真理の「真」と、至誠を貫《つらぬ》いていく姿勢としての「誠」、この二つの「まこと」が共に大事なのです。

明治維新《いしん》に見る「個人としての誠」を探究する難しさ

特に、個人としての「誠」を貫いていく至誠の精神は、なかなか、教えようにも教えられないものではありません。自分に師と仰《あお》ぐ人がいれば学ぶことも可能ではあるのですが、それぞれの人に職業や適性、あるいは家族など、それぞれのバックラウンドがあり、みな、そうしたいろいろなものを背負って生きているわけです。そのため、「誠の道」とは言っても、その人の置かれた環境《かんきょう》や場所等によって違《ちが》いがあり、「はたして、それで正しいかどうか」ということをつかむのは難しいところかもしれません。

例えば、明治維新《いしん》のころで言うと、新撰組《しんせんぐみ》にとっては、幕府を倒《たお》そうとしている人たちを一人残らず引っ捕《と》らえて、斬《き》り捨てることが「誠」であっただろうとは思います。それが誠実に職務を執行《しっこう》していることになるのでしょうし、彼らに抵抗《ていこう》してくる維新の志士というのは、現代的には、警察の公務執行を妨害《ぼうがい》する不逞《ふてい》の輩《やから》になるかもしれません。

しかし逆に、維新の志士の立場であれば、この新撰組の刃《やいば》をかいくぐって、何とかして政府転覆《てんぷく》の密談をし、また、それを実践に結びつけていかなければならなかったわけです。

その準備をしている間にも見つかるかもしれないし、手紙を送っても、誰《だれ》と話をしているかが分かってしまうかもしれないし、誰かが捕《つか》まれば、ほかの人も芋《いも》づる式に捕まってしまうかもしれません。あるいは、自分自身は活躍《かつやく》できたとしても、郷里の家族がいろいろな罰《ばつ》を受けたり、命を失ったりしてしまうようなこともあります。

そのように、「個人としての誠とは何か」というのは、それほど簡単なことではないのです。

これで考えても、新撰組の「誠」と、新撰組に追われながら幕府を倒そうとしている志士の「誠」とでは、立場は違うけれども、最後は、大きな真理がどちらにあるかということを見ながら、その「誠」を追究していかなければならないわけです。「自分のやっている仕事は、単なる反乱にしかすぎない」と思うのであれば、その時点で考え直さなければいけないこともあるでしょう。しかし、「たとえ犠牲《ぎせい》を出しつつも、本当に、これは天下万民《ばんみん》のため、後《のち》の世のためだ」と思うのであれば、家族に迷惑《めいわく》をかけたり、自分自身が傷つき倒れたりするようなことがあったとしても、それを貫くというのも大事なことでしょう。

そうした「大きな真理としての真《まこと》の探究」と「自分自身の誠《まこと》の探究」は、やはり、両方とも必要だと思うのです。

今述べた話は、必ずしも宗教家に限らず、政治革命家の場合の話だったかもしれませんが、基本的には、どの宗教も、そういう「心の革命」、それから、「世の中のお立て直し」につながるものは持っています。だいたい、「考え方を改めよ」という神の言葉が降りてきて、「今の世の中の間違った生き方を悔《く》い改めさせなさい」というようなことを、いろいろなかたちで言われるのです。そして、「新しい神の世が来るぞ」「仏の世が来るぞ」「ユートピアの世界が来るぞ」というようなことを言っているわけです。

確かに、政治的な革命も、宗教的な革命も、コインの裏表《うらおもて》のようなところがあるかとは思いますが、宗教に限って言えば、真理という意味での「真《まこと》」と、毎日毎日、自分自身の心を常に見つめていく「誠《まこと》」、この両方の探究が必要なのです。ただ、これは、それほど簡単にできることかどうかというところでは、何とも言えないものがあるでしょう。

宗教者の基本は、「悪い心」を「よい心」に置き換《か》える努力をすること

一日のうちにも「よい心」と「悪い心」が去来すると思います。これを見分けるのは簡単なことではありませんが、やはり、努力をすれば、少しずつ少しずつ、腕《うで》

は上がっていくものです。悪い心が出たならば、自分のなかのよい心がそれを見つけ出さなければなりません。「この心はよくない」というものを一個一個つかみ出して、悪い心をよい心に置き換《か》えていく努力をしなければいけないのです。

例えば、将棋《しょうぎ》を指すにしても、練習をしていけば、悪手《あくしゅ》を指してしまったときに、「ああ、これは悪い手を指したな」というようなことがだんだん分かるようになってきます。さらに、それによって負けてしまったら、「この次は、同じ手は指さないようにしなければいけない」ということが、身に沁《し》みて分かってくるのです。

それと同じように、難しいようではあっても、毎日、一局一局、新しい将棋を指しているようなものだと思えば、そのなかの悪手を減らし、できるだけよい手を指す努力をしていくことが大事だということです。

これが、「宗教者の基本中の基本」ということになるのではないでしょうか。

Ｑ２　自分の守護霊《しゅごれい》や生霊《いきりょう》をコントロールする方法

質問者Ｂ　霊的《れいてき》な側面から、具体的な内容についての質問をさせていただきます。霊的世界を含《ふく》めた実際の世界においては、例えば、平安時代に怨霊《おんりょう》が跋扈《ばっこ》していたように、現代においても、本人の心境が悪い場合には、その守護霊《しゅごれい》や生霊《いきりょう》が他人《たにん》に迷惑《めいわく》をかけるというケースがあります。

そこで、「宗教者が自分自身の守護霊や生霊をコントロールする方法」について、お教えいただければ幸いです。

この世の社会では、「想念《そうねん》の波」のなかで生活をしている

大川隆法　普通《ふつう》のこの世の社会では、そういうものは「雑念《ざつねん》」として飛び交《か》ってい

るのだろうと思いますので、当たり前のことなのかもしれません。

ですから、何に対しても反省をしたり、鏡を磨《みが》くように自分の心を磨いたりしながら、その心を見つめているような人が大勢いるわけではありません。他の人がほめられたら、「悔《くや》しい」と思うし、他人《ひと》が金儲《かねもう》けをすれば、「何かうまいことやったんじゃないか」と言いたくなるし、他人がかわいい彼女を連れて歩いていたら、それに対して嫉妬《しっと》したくなる。それは当たり前のことでしょう。

あるいは、きょうだいであっても、年齢《ねんれい》が違《ちが》う場合には、例えば、親から小遣《こづか》いをもらうときに、年上の子のほうが額が多く、年下の子のほうが少ないこともあります。

そうすると、年下のほうは、「なんで、お兄ちゃんのほうが小遣いが多いんだ。正月のお年玉が多いんだ。おかしいじゃないか。人間は平等だ！」などと言ってみたくなるかもしれません。一方、年上の立場であれば、「小学生はお金を使う必要はない。こちらは高校生だから、使うお金がたくさん要《い》るのは当たり前だけど、小学生なんかに万のお金をやる必要はない！」などと思ったりするものなので、なかなか難しいのです。

そのように、この世の中では、誰《だれ》もが普通にいろいろなことを考えて、想念《そうねん》を発していると思われます。実は、そういう「想念の波」のなかで生活をしているわけです。したがって、〝受信機〟がよければ、常に何かが受信されていて、影響《えいきょう》を受けていると思います。

ところが、この世の中で生業《なりわい》を立てている人たちにとっては、「想念の波」のなかを生きているのが当たり前なので、「波は荒《あら》いけれども、こちらのモーターボートも、エンジンはけっこう荒いよ」という感じで、ガンガンに音を立てながら進んでいるようなところがあります。波頭《なみがしら》を打ち砕《くだ》きながら進んでいるのが普通の姿なのです。

そういうなかで、強力なエンジンもスクリューもない手漕《てこ》ぎ舟《ぶね》に乗りながら、ただただ波立つ海面の上で平《たい》らかな心でいようとしても、「上がったり下がったりして実に困るな。これでは瞑想《めいそう》ができないじゃないか」と言っているような状況《じょうきょう》に近いのではないでしょうか。この世は、実際にそういうところであり、波は立っていると思うのです。

宗教者が直面する「出世間《しゅっせけん》の衝動《しょうどう》」と「俗《ぞく》世間での救済の仕事」の葛藤《かっとう》

確かに、その波のなかを漕ぎ渡《わた》っていけるような、他人の迷惑を考えないぐらい強力なエンジンとスクリューがあったり、大型船などであったりすれば便利でしょう。相手を圧してしまえば、想念を跳《は》ね返してしまえるところはあるだろうと思います。

一方、「平らかな心」を求めている場合、波立つ海の上で瞑想をすると、むしろ吐《は》き気《け》がして、ゲーゲーと吐いて、船酔《ふなよ》いして終わるという状態になりかねません。

しかし、周りの人は、「そこで心を統一しようとしているほうが悪いんだ」などと言うわけです。「周りの海は荒れまくっているのに、心を波立たせないように

『満月瞑想』をやろうなんて、よほど変わっている人間だ。そういう人がいること自体、そもそも間違っているのだ。海の上にいようとするな。山のなかへ行け」というような感じでしょう。

そういう意味で、もともと出家《しゅっけ》というのは、「都会の喧騒《けんそう》や人々の生活臭《しゅう》から離《はな》れたところで孤独《こどく》に静寂《せいじゃく》のなかを生き、最低条件の生活レベルをキープするあたりで我慢《がまん》をして、足ることを知り、自分の内側を見つめる修行《しゅぎょう》のほうを重視する」というものでした。

本来の「出家」とは、世間《せけん》の荒波から離れた場所に身を置いて、心の統一をすること、すなわち、丘《おか》の上や雑木林のなか、山の頂《いただき》、岩場、川のほとりなど、どこでもよいのですが、世間から出る「出世間《しゅっ》」ということが大事であったわけです。

ところが、ここに一つの問題があります。

それは、上求菩提《じょうぐぼだい》、つまり、「悟《さと》りを求める」だけであれば、そのように孤独になっていくことも結構ではありますが、「実際に悩《なや》める人たちを救いたい」という気持ちが強くなったら、必ずしも、そうはいかない部分もあるということです。悩める衆生を魚にたとえるのは失礼かもしれませんが、逆巻《さかま》く海のなかではたくさんの魚たちが右往左往《うおうさおう》している状況であり、それらの迷える魚たちを救わなければならないという仕事もあるわけです。

このあたりが、昔から根本的に難しい問題だと思います。

宗教者には、ともすれば、「街から離れて、静寂な場所で独《ひと》り静かに悟りたい」といった基本的な衝動《しょうどう》があります。

いわば、人生に困難が生じると、「職業も、親もきょうだいも子供も捨てて、精神統一と悟りの世界に入っていくために、ただ独り、山に分け入《い》って、そこに住む」という感じでしょうか。生きているのか死んでいるのかも分からないような人が、富士の樹海《じゅかい》のなかへ入って、独りで住んでいると思えばよいかもしれません。

そうすれば、自分自身の心の内に深く穿《うが》ち入る経験をすることはできると思います。ただ、「本来、何のための悟りなのか。自分が救われれば、それでよいのか」

という問題は出てくるでしょう。

そのような、「自分が救われれば、それでよい」という考え方に近いのが、小乗仏《しょうじょう》教的な考え方です。「各人が自分の修行をすればよい」という考えが中心なのです。

これに対し、大乗仏教《だいじょう》というものが出てきます。

大乗とは、「大きな乗り物」という意味です。「大きな船でなければ、たくさんの溺《おぼ》れている人たちを救えない。小船では人一人しか救えないかもしれないが、大きな船や筏《いかだ》であれば、大勢の人を乗せることができる。そうした、大きな筏に当たるような教えと修行をつくっていきましょう」というような考えが大乗仏教にはあるのです。

やはり、宗教にはそういう面も必要になってきます。

例えば、永平寺《えいへいじ》に籠《こ》もった道元《どうげん》は、鎌倉《かまくら》に呼ばれて将軍などに会ったりしていますが、肌《はだ》が合わない面はあったのではないかと思います。彼らが言うことをきかないところもあったし、ほかの宗派《しゅうは》もいろいろあったと思われます。それで、「権力にへつらうよりは、わが道を行く」ということで、北陸に籠もって伽藍《がらん》を建て、そこに住みながら村人を相手にしていたのでしょう。

ただ、それでも、長い年月を経《へ》て、教えはいろいろなかたちで広がっていきました。全国のお寺から、北陸の山のなかの本山《ほんざん》に修行に来て学んだあと、地元に戻《もど》って坐禅《ざぜん》を教えるというスタイルも、その一つではあります。

仏教で言う「上求菩提《じょうぐぼだい》」と「下化衆生《げけしゅじょう》」の兼《か》ね合いをどうするか

とにかく、今回の質問の内容には、「上求菩提《じょうぐぼだい》」と「下化衆生《げけしゅじょう》」、「上に悟りを求め、下に衆生を救う」という二つの矛盾《むじゅん》する要素がもともと入っているわけです。

もっとも、上求菩提のところを軽くする方法はあります。仏教においては、「南無阿弥陀仏《なむあみだぶつ》」、あるいは「南無妙法蓮華経《なむみょうほうれんげきょう》」と、ただただ唱《とな》えていれば救われるということで、修行の部分を極《きわ》めて簡単にしたやり方が、それに当たるかもしれません。例えば、「百万遍《べん》唱えていればいい。毎日毎日、唱えなさい」ということであれば、難しい教学は要らないわけです。

これでも教えは広がりますし、安心立命《あんじんりつめい》を得て、人々の心が安らぐこともあります。そういうものでも、何もないよりは効くところはあるでしょう。それは、明治・大正時代のころに、「何にでも効く正露丸《せいろがん》」などと言われていたのと同じようなことかもしれません。

また、キリスト教であれば、「イエスを信じる」とか「主を信じる」と言っていますが、簡単に言えば、「信じるだけで救われる」というところはあります。要するに、「信じる者は救われる。信じなければ、天国に入れない」と、ここまで言っているわけです。

確かに、時代が下《くだ》ると、教会としても食べていかなければいけないので、教会に所属して信じるということになるわけです。信者も教会に所属して信じなければ、死んだあとにお葬式《そうしき》をして、死体を埋葬《まいそう》してもらえません。そういうこともあります。

そういう意味で、「上求菩提のところを簡潔なかたちにするか、下化衆生のほうをある程度のところで諦《あきら》めるか」という兼《か》ね合いは、いつもあるということです。ただ、いつの時代にも、その両方の面はあるわけで、大衆布教《ふきょう》型になっても、どこかで密なる部分というか、プロたちが精神統一の修行をする面はあります。もちろん、それだけでは本物かどうかが分からないので、各地のお寺に行かされて、そこで、在家《ざいけ》の人たちや、まだ信者になっていない人たちと接する修行もさせられるわけです。そういう関係が強いと言えます。

研《と》ぎ澄《す》まされたところで自分の心を見つめているだけの人であれば、本来、人混みは嫌《きら》いになるはずです。したがって、修行によって、これをどのように乗り越《こ》えるかということです。

ちなみに、私は大学時代、休日に渋谷《しぶや》や新宿《しんじゅく》へ行って帰ってくると、体が〝重い〟感じがとても強かったので、霊体質になっていたのだろうと思います。そういうところでは、いろいろな想念を受けるし、雑霊《ざつれい》がたくさん存在していたのでしょう。人混みに行くと、とにかく疲《つか》れるという感じはありました。

それでも学生時代であれば、下宿で勉強をして、本を読んで考え事をしたり、書き物をしたりと、一人でいられたので、ある意味では、出家のような気分になれなくもなかったわけです。

ただ、会社に勤め始めると、今度は逃《のが》れられない環境《かんきょう》が出てきました。

先ほどの「新宿や渋谷へ行くと疲れた」というようなことは、そこに行きさえしなければ、もちろん、疲れることもないわけですが、会社に勤めるようになると、そういうわけにはいきません。例えば、毎日、東京の赤坂《あかさか》へ行って、十時間、十二時間と働けば、もうクタクタになって、どうしようもない状態になります。そのような状態になると、精神統一は極めて難しかった気がします。

その意味では、一生懸命《いっしょうけんめい》に仕事をして評価を受ける自分と、この世的にまみれてしまって精神統一ができず、本来の自分を取り戻せないでいる自分の苦しみ、葛藤《かっとう》は、いつも続いていたように思います。

「俗世《ぞくせ》の人へのうらやみ」が不満として現れる場合

一方、宗教のなかにいると、普段から精神修養をするのが当たり前の環境下にあるので、そのなかにいる人たちが、たまたま俗事《ぞくじ》に関係するようなことにかかわったりすると、心が波立つこともあります。

例えば、悟りには遠い人たちとつながる友達がいたり、学生時代等の旧《ふる》い友達との付き合いがあったり、何かの縁故《えんこ》で、「今日は飲み会だ！」というような感じで参加したりしているうちに、俗世と変わらない経験をすることもあるでしょう。そうすると、やや心が荒れてくることもあるのではないでしょうか。

また、俗世のなかで、いかにも楽しげにしている人たちが自由に見えて、うらやましく感じるところもあるかもしれません。

そういうときに、普段から我慢をして、いろいろなことを自制したりしている人は、自分がとても貧乏性《びんぼうしょう》で、何か損をしているような気になることもあるでしょう。

そういったものに刺激《しげき》を受けると、「自分も、もうちょっと自由に、パーンと、そういうことをやってみたい」という気持ちが溜《た》まってくることもあるのですが、それは、ほかの人と比べてみたときの感じ方なのです。

宗教のプロとして、ある程度の時間、修行に耐《た》えていると、その生活が普通になってくるものです。ただ、幸福の科学の職員の場合は、世間の人たちとあまり変わらない格好《かっこう》をしたり生活をしたりしていて、世間に紛《まぎ》れて生きていることもあって、「一般《いっぱん》の人たちができることを自由にできないのは損だ」といった気持ちになることはあるかもしれません。

実は、そのような荒れる心が出てきたときに、その欲求不満が別のかたちで出てくる場合もあるのです。

例えば、「世間の人たちを見ると、もっと自由で、週末はゴージャスに遊びに行ったりしているし、金曜日にはみんなで明け方まで酒を飲んで、他人《ひと》の悪口を言ったりもしている。異性との遊びもやりたい放題だ。自分はそれをずっと我慢しているのに、こんな扱《あつか》いをされている」「いい年になっても、いまだにこんなことを言われる」とかいうような不満が出てきて、どこかで爆発点《ばくはってん》に達することもあるかもしれません。

要するに、そういう不満が回りまわって出ているということが、自分自身でも分からないまま心が乱れている場合があって、それが別のかたちでの不満になって現れてきているわけです。

例えば、「自分はこれだけ修行をしてきた。講師として、このくらいの仕事はする資格があるのに、それを認めてもらえない」とか、「ここで十年も仕事をしているのに、昇進《しょうしん》しない」とか、「同じ学校を出た同級生と比べると、給料が安い」とか、いろいろな不満がふつふつと湧《わ》いてくることはあるのでしょう。

出家《しゅっけ》においては「何を捨てたか」が問われる

いずれにしても、根本《こんぽん》を間違えないことが大事です。自我《じが》を拡張するということだけであれば、世間では「自己実現」が非常に流行《はや》ってもいるので、「いかにしてライバルを蹴《け》り倒《たお》し、出し抜《ぬ》いて偉《えら》くなり、地位を得、名誉《めいよ》も得、金も得、異性も得、それから財産も得て、見せびらかすか」という感じのほうが、この世的には憧《あこが》れるところもあるだろうと思いますが、出家《しゅっけ》においては、やはり、「捨てる」ということが大事なのです。

要するに、「○○を手に入れたから偉い」ということよりも、「あなたは何を捨てましたか」ということです。「何を捨てて、その道に入ったのですか」「何を捨てて、その修行を取ったのですか」「心の鏡を磨くために、あなたはいったい何を捨てたのですか」というようなことが、実は問われるわけです。

そういう、「大いなる放棄《ほうき》」を伴《ともな》うことをしても、世間の人からは、実にくだらないものしか手に入れていないように見えるかもしれません。しかし、そのあたりに価値観の違いが出てくるわけです。

例えば、世間では、「プレミアムフライデー」というキャンペーンを張って、「金曜日は早いうちから仕事を終えて遊びに行きましょう」「消費を促進《そくしん》するために遊びましょう」と勧《すす》めているときに、コツコツと宗教的な仕事を続けるとか勉強を続けるとかいうのは、バカみたいな話に思えるかもしれません。

しかし、実は、何かを「捨てる」ことで、別に「得ている」ものがあるのです。「捨てたことによって得ているもの」が、俗人たちには見えていないということを知らなければなりません。

彼らが、「自分たちは自由にやれているのだ」と言っているものであっても、こちらからすれば、「あなたの家の鏡は曇《くも》りすぎていて、正しい姿が映《うつ》らなくなっているよ。あなたの顔も姿も正しく映らずに曲がっていて、歪《ゆが》んで、ピカソの絵のように変な顔になっているよ。あなたはそれでいいの？」というようなことはあるでしょう。

そういう人たちは、〝鏡に映った姿〟、要するに、自分の心など見つめたこともないので、そんなことは分かりはしません。彼らは、「社会で測られる基準によってのみ認められる」というような考え方を持ち、そういうものに翻弄《ほんろう》されやすいところがあるので、気をつけなければいけないところです。

宗教に従事する者は「内面的な喜び」を求めよ

新卒で幸福の科学に出家してくる人のなかにも、一流大学を卒業しているような人はわりあい多いのですが、そういう人の場合、学生時代の友達などには、「大手企業《きぎょう》に入った」「○○の資格を取った」など、人に見せびらかすような職業に就《つ》いた人も多いのではないでしょうか。すると、「宗教に出家するなんて言うと、古くて、ダサくて、格好悪い」と思って、人には言えず、「僕《ぼく》はちょっと事情があって」という感じになってしまうような引け目があるかもしれません。

しかし、やはり、「『外なる果実』ではなく、『内なる果実』を求めているのだ」ということを、自分自身で認識しなければならないでしょう。

この世的には、ノーベル賞や文化勲章《くんしょう》、あるいは、政府がくれる「勲○等」など、あらゆる種類にわたって勲章というものがあります。しかし、宗教をやっている者は、そういうものを求めるのではなく、「自分の内に、内なる光が宿る」とか、「神の光を感じるようになった」「仏の光を感じるようになった」、あるいは、「この人を助けてあげることができて、うれしい」というようなことを勲章にしなければいけないのです。

「私の言葉でこの人を救えた」とか、「私の考え方や、あるいは導きで、自殺しそうな人が思いとどまった」「転落の淵《ふち》にある人の自殺を思いとどまらせることができた」「病気になった人が、私の励《はげ》ましによって病状が好転し、家族までが明るくなった」など、こういうことが勲章になるわけです。

ただ、そういうことを自分の勲章と思わなければならないため、「外なる勲章」はもらえなくなります。しかし、この「内なる勲章」は、自然と心に記録されて遺《のこ》っているものなのです。

そうした「内面的な喜び」を感じるようになっていかなければなりませんし、この切り替《か》えを忘れてはいけないのです。

強い念波《ねんぱ》のなかで競争にさらされている俗世間《ぞくせけん》

さて、生霊、あるいは生き念といったもののコントロールの仕方についての質問でしたが、俗世間《ぞくせけん》で生きていく上では、最初のうちは念波《ねんぱ》の強い人のほうが認められやすいところがあります。例えば、「やる気がある」「ガッツがある」「ライバルを蹴落としてでも上がる」「激しい競争に打ち勝って、生き残る」といったところでしょうか。

最近は状況が変わっているかもしれませんが、私が学生のころは、「証券会社に入る」などと言うと反対されたものです。私自身、いろいろと勧誘《かんゆう》を受けたこともあり、先輩《せんぱい》に相談したところ、みな、「やめておいたほうがいい」と言っていました。その理由は、新入社員が二百人ぐらい入ったところでも、一年後にはその三分の一しか残っていないからだそうです。先輩から、「そのことを知っているのか」

と訊《き》かれたので、「えっ！　そんなところなんですか」と驚《おどろ》いたら、「そうなんだ」と言われてしまいました。

確かに、一年間あれば、だいたい自分の友人、知人、親戚《しんせき》はすべて勧誘してしまい、そのあとは行く先がなくなるのでしょう。要するに、自分の友人、知人等を一通り耕《たがや》したあと、なおも外に耕していけるような力の残っている人だけが生き残り、する仕事がなくなった人たちは、そこで辞《や》めてもらって構わないというわけです。会社側は、一年分の給料と引き換《か》えに数十口かの契約《けいやく》が取れて儲《もう》かっているので、多めに採用して、すべてを耕したら、ポイッと捨てても構わないと思っているのでしょう。

そうしたことから、先輩のなかには、「生き残るのは大変だから、証券会社はやめておいたほうがいいよ」というようなことを言ってくれた人もいました。

そういう話を聞くにつけても、なかなか厳しい世の中だと思います。この世では、そのような使われ方をされることもあるので、そんなところにいれば、穏《おだ》やかな心でいるのはなかなか難しいでしょう。

もちろん、最初は荒れていたとしても、獅子奮迅《ししふんじん》の戦いをしているうちに、ものすごく仕事ができるようになり、働いていても、「ちはやふる」（競技かるたを描いた映画）風に動きが止まって見えるほど、静かに物事が進んでいくぐらいになれば大したものです。

本当によくできるセールスマン、営業マンになると、口数《くちかず》は少なくなるという説もあります。私もそれほど多くは知らないので、詳《くわ》しいところまでは分かりませんが、雄弁《ゆうべん》な人というのは、まだ入り口の段階で、本当に腕《うで》のよいセールスマンになると、口数はむしろ少ないとも言われているのです。

そういう人は、ある意味で〝心理学の達人〟になっているところはあるのでしょう。相手に話をさせて、相槌《あいづち》を打ちながら、ここぞと思うところでサッと勧めて、そして、ストンと契約を取ってしまうような腕があるそうです。ただ、このあたりのことは、そうした世界の人に教えてもらわなければ分からないところではあります。

一般の仕事においても、名人級になってくると、静かに事が進んでいくようなところまで行くこともあるのでしょうが、そこまで行く前の段階で競争にさらされているのがほとんどの世界だと思います。そして、そのときには、やはり、念波はすごく出ているのです。

また、出世の競争でも、けっこう念は出ているので、査定する側の人たちが念にやられて、「こいつは上げないと暴《あば》れるかもしれない」とか、「辞めるかもしれない」などと思って、役職を上げたりするようなこともあります。

ところが、その人事を見たほかの人から、「これは不当だ」「この人を上げるのなら、こちらも上げなければいけないのに、こちらは上がらないまま、あちらを上げたのは不当だ」などという念がたくさん集まってくると、何だかうまくいかなくなって、配置換《はいちが》えになったりするようなこともあるわけです。

空海《くうかい》にご飯《はん》を供《そな》える仕事とマイクロソフトの社員の仕事

そのように、この世は、けっこうストレートに念が出やすいところではありますが、出家の世界においては、心を鎮《しず》めることも力のうちです。

そのため、この世的な世界においては、一見、無能に見える部分はあります。お寺のお坊《ぼう》さんなどは、有能には見えないところはあるかもしれません。ボーッとしているようにしか見えないこともあるかもしれませんが、それでも、滲《にじ》み出てくる緩《ゆる》やかな光で、周りの人たちの相談に応じたりするなど、お勤めをずっと続けているわけです。普通の世界であれば、バカバカしくて見ていられないようなことも、そのように、毎日、真面目《まじめ》に行《おこな》っているのです。

例えば、弘法大師《こうぼうだいし》・空海《くうかい》の入定《にゅうじょう》に関して言えば、空海は最期《さいご》に断食《だんじき》をして亡《な》くなったのですが、高野山《こうやさん》では、「実は、まだ、そこに生きていらっしゃるのだ」ということになっています。そのため、弘法大師の入定から千数百年たっても、いまだに、一日二回、ご飯《はん》をお供《そな》えするという役が続いているわけです。

それは、そこでは尊《とうと》いことのように見えますが、証券会社や銀行、商社、その他のヤフーだとかマイクロソフトだとか、そのような一般社会のところで働いている人に対し、「千数百年も前に死んだ人のために、ご飯を供える仕事をしております」などと言ったらどうでしょうか。

特殊《とくしゅ》な仕事なので、おそらく、高野山でもけっこうな位《くらい》にある人が役を務めているのだろうと思いますが、一般企業に勤めているような人から、「あなたは何の仕事をやっているのですか」と訊《き》かれたときに、「弘法大師が生きたまま入定されて、いまだに生きておられるので、ご飯を持っていって供えております」などと答えたら、どう思うかです。「バカバカしい。俺《おれ》の世界では、『今日は幾《いく》ら儲かったか』を話し合っているんだ」と言われてしまうかもしれません。そういう人たちは、「もう一時間早く売っておけば、その分、これだけ儲かっていたのに、売り損《そこ》ねたから、ちょっと損が出た。明日《あした》は取り返してやる」といった話をしているわけです。

そのような感じで、波動《はどう》は合わないでしょう。まったく違う波動なのですが、それは、「何に値打ちを感じるか」ということの違いなのです。

出家する前には、さまざまな可能性があった人もいれば、この世の会社に内定をもらっていたり、お勤めをしていたりした人もいるでしょうし、そこでの出世の原理もあったとは思いますが、「出家をしたのであれば、その世界における原理は違うのだ」ということを知らなければなりません。世間ではバカにされるかもしれないものであっても、「宗教のなかにおいては非常に大事なこと」というのはあるのです。

もっと細《こま》かく言えば、やはり、それぞれの業界に細かいルールはあるのだということです。

例えば、お茶をたてる、お花を生《い》けるということでも、ほかの世界から見れば、おそらく、「くだらないことをいろいろと言っているな」と思うようなこともあるでしょう。しかし、その業界においては、その作法《さほう》の一つひとつが大事なことであり、それを守れないような人は、すぐに破門《はもん》されたり、資格をもらえなかったりするのだろうと思います。

このように、どこの世界においても、プロになるのは厳しいのだということです。

人々のために自分を捧《ささ》げて生きる人に「徳」は生まれる

宗教のなかにいて、自分の生き念や生霊が出ていたりするというのは、「まだ、この世の価値観と激しく交錯《こうさく》するときがある」ということでしょう。

心が安定しているときには、そういうものは出ないのですが、本人にとって地盤《じばん》ではないところ、安住《あんじゅう》の地ではないところに移されたときに、この世的なものと同じような不安が出たり、将来設計や、自分自身にとって損か得かといった計算のようなものが働き出したりして、あれこれと思いが出始めるのだと思います。

また、友達や知り合い、あるいは、身内や親族等との接触《せっしょく》が関係する場合もあります。一人だったときには関係のなかったような人たちとのつながりが出てくると、

「親戚からこういうことを言われる」などといったことで、心が揺《ゆ》れたりするようになるわけです。

ただ、長い歴史のなかで、宗教の本道《ほんどう》として、だんだんに固まってきているものはあります。宗派の違いによって、やり方の違いはあるでしょうけれども、その矩《のり》を踰《こ》えないなかでの静かな自己実現を図《はか》っていかないかぎり、生霊や生き念をコントロールすることは無理なのではないかと思います。

ですから、この世的な栄達のようなものが、それほどあるとは思わないほうがよいでしょう。むしろ、その逆であって、この世的な栄達ではなく、自分のことは差し置いて、ほかの人をどうするかということに心を砕いてきた人たちが、「徳がある」と言われ、他の人に押《お》し上げられて偉くなっていく世界であるのです。

一般社会では、人を蹴飛ばしてでも、多少なりとも有利な地位を手に入れて這《は》い上がってきた者が「勝利者」とされやすいところもありますが、宗教の世界はそうではありません。宗教では、自分の我《が》、自我我欲を抑《おさ》え、「本来ならこうしたい」

という思いを抑えて、この世的な栄達とは違うもののために自分を捧《ささ》げ、さらに、多くの人々のために自分を捧げて生きてきたような無欲な人ほど、逆に、周りから押し上げられ、偉くなっていくのです。

実は、一般社会においても、本当に大人物《だいじんぶつ》になってくると、〝我利《がり》我利《がり》亡者《もうじゃ》〟風に生きているような我欲の強い人がそれほど偉くなることはありません。最初のうちは、ある程度まで上がってくるかもしれませんが、一定以上、社会的に知られるようになると、やはり、徳の部分が見えてこなければ上がれないわけです。なぜなら、周りの人たちが納得《なっとく》しないからです。

そういう意味で、難しいとは思うのですが、例えば、「自分が、コップに満たした水をいっぱいいっぱいまで飲めると思っているところを、少しだけ空《あ》ける」というところでしょうか。水筒《すいとう》にいっぱいいっぱいまで入っている水は、すべて自分のものだと思って飲んでいたところを、「あなたも一口どうですか」と、ほかの人にも勧めてあげる部分、自分の分を取り分けてあげる部分が、やはり、徳になるのです。

不満が強くなったときには「三福《さんぷく》」の心をチェックする

これまでにも、「惜福《せきふく》」「分福《ぶんぷく》」「植福《しょくふく》」という「三福《さんぷく》の説（幸福三説）」の考え方を紹介《しょうかい》したことがありますが、これも、やはり、修行生活のなかには出てくるものです。

例えば、仕事のなかでは、自分が予想外に高い給料を頂くとか、予想外の地位を頂くとか、予想外の待遇《たいぐう》を、行きがかり上、いろいろと頂くこともあると思います。そのときに、「ああ、これは分不相応《ぶんふそうおう》に頂いているな。まだ、自分はこれだけの働きができていない。これは、周りの人が予想外に盛り立ててくださっているのだな」と思ったなら、そのやや過ぎていると思う部分を、何らかのかたちで表していくことが大事でしょう。これは「惜福」の例の一つですが、場合によっては、「分福」として、それを他の人におすそ分けしていく気持ちも要ると思います。

それから、「植福」としては、将来のために、自分自身の何か一部を差し出していくことです。在家信者だけではなく、教団内部の人たちにも、そういう気持ちは必要であると言えます。

やはり、在家の信者にとっては、どれも難しいことだと思うのです。自分の生活における無駄《むだ》な経費を、ある程度切り詰《つ》めて、お金を貯《た》め、それを宗教活動に充《あ》てたり、植福に充てたり、惜福、あるいは分福したりする方もいると思います。また、会社で成功したら、その一部を寄付する方もいますし、自分自身には返ってこないことは分かった上で、将来のために、若い人たちの奨学金《しょうがくきん》のようなものなどに植福する方もいます。

このように、在家の方のなかには、自分には直接的なリターンを求めずに植福等をしている方が大勢いると思いますが、やはり、出家には出家なりに、似たような考えも、また必要なのだということです。

ですから、不遇感や欲求不満が強くなったときには、「自分に『惜福の心』や『分福の心』、『植福の心』があったかどうか」を考え直してほしいのです。そうすると、十分ではないことのほうが多いと気づくのではないでしょうか。

不満のなかには、「他の人のほうに利益が行きすぎていて、自分のほうには来ていない」といった考えがあると思うのですが、これは、「田の水取り合戦」のようなものでしょう。「自分の田に水を引きたい。よそのところに水が行ったら、自分のところの分が減るではないか」といった、昔からあるような争いに似たものがあるかもしれません。

ただ、そういう争いをしている人を見たら、他の人々は、その人をあまり偉くしたいとは思わないということは、知っておいたほうがよいでしょう。

結論的には、「この世の原理」と「出家の原理」に、多少、違いがあることは知っておいたほうがいいし、この世でも、人生の達人まで行くと、ある意味で、出家の原理と似通《にかよ》ってくるところはあるということも述べておきたいと思います。

Q3　人の意見を聞ける人格者になるには

質問者C　かねてより、大川隆法総裁から、「さまざまな年代や立場の人の意見に耳を傾《かたむ》けることの大切さ」について、御法話《ごほうわ》でお教えいただいています。

しかし、実際には、他の人からの意見を真摯《しんし》に受け止める人もいれば、それを聞き入れようとしない人もいます。あるいは、面従腹背《めんじゅうふくはい》といいますか、一見、聞き入れているようでも、内心では受け流しているような人もいるように思います。

そこで、「どんな人からの意見でも聞ける人格になっていくために必要な心構え」をお教えください。

人の意見を聞けず、大成しない人の特徴《とくちょう》①

頭のよさを保身に使う

大川隆法　それは、「人の頭のよし悪《あ》しをどう見るか」という問題でもあります。

自分の頭のよさというものを、真理の価値を推《お》し進めるほうに使ってくだされば よいのですが、世の中にはそうではないほうに使う人もいます。

そのいちばん典型的なものが、いわゆる「自己保存欲」です。頭のよさを、セルフ・プリザベーション（自己保存）、セルフ・プロテクション（自己防衛）のために使う人がいるのです。

要するに、保身、自分を護《まも》るということです。言い逃《のが》れや言い訳によって保身をするために、頭のよさを使う人はたくさんいるでしょうし、細《こま》かい議論で生き延びる術《じゅつ》を教えている学問もあるでしょうが、これは、やはり、もうひとつ残念なところがあると思うのです。

そういう人たちは、一言《ひとこと》で言うと、「小賢《こざか》しい生き方をしている」と言えるのではないでしょうか。ある意味で自分に自信があるのかもしれませんが、大いなるものに帰依《きえ》する気持ちはあまりないのだろうと思います。おそらく、世間《せけん》で言う〝小さな神々〟になっているのでしょう。

人の意見を聞けず、大成しない人の特徴②

職人肌《はだ》で自己客観視ができない

また、職人肌《はだ》のタイプのなかにもそういう人はたくさんいます。「自分の考え以外は聞かない」という人がいるのです。刺身包丁《さしみぼうちょう》を持たせても、魚を獲《と》らせても、ホテルの経営をさせても、自動車の整備をさせても、そういう人は必ずいます。

そのように、何をするにしても、それぞれの道において、人の意見は聞かず、「自分が最高」と思っているような人は実際にたくさんいるのですが、「そこにどの程度の客観性があるか」ということは、また別の問題ではあります。

例えば、「うちのわらび餅《もち》は日本一だ！」と言うのも結構ではあるのですが、「だったら、本当に食べ歩いてみたのかい？」と言いたくなることもあるわけです。

もちろん、自分としては一生懸命《いっしょうけんめい》やったということでしょうし、それはそうかもしれないとは思いますが、「『うちのわらび餅は日本一だ』と言うのなら、ほかの店のものも全部食べ歩いたんだろうな？　少なくとも東京二十三区にある数百軒《けん》ぐらいのお店のものは、食べ歩いてから言っているんだろうな？」と言いたくなるときは、やはりあるでしょう。

あるいは、「うちのうどんは日本一や！」などと言う人もいるかもしれませんが、「では、あなたは食べ歩いて確かめたことがあるんですか？」と、やはり、一言言いたくはなります。そういうこともせずに、ただただ自分で言っているだけということもあるのです。

また、その人のうどんが日本一ではないことを証明しようとして、いろいろな人が意見を言っても、それを「ああでもない、こうでもない」と、すべて理屈《りくつ》で切り返すようなこともあります。

自分で動いて確認していないのに、「京都のうどんと言っても、京都は水が悪い。

だいたい、藻《も》が生《は》えた琵琶湖《びわこ》の水を引いているから、消毒のカルキの臭《にお》いがあっていかん」とか、「うどんは四国が本場と言うけれども、そんなことはない。四国の人たちは味音痴《おんち》だから分かっとらん。食糧《しょくりょう》になりゃ何でもいいと思っているので、本当の味は分からないんだ」とか、そんな感じで、いろいろと机上《きじょう》の空論《くうろん》を言うこともあるとは思いますが、「実際に、どの程度までの客観性があるか」という問題はあるでしょう。

人の意見を聞けず、大成しない人の特徴③

傷つくことを恐《おそ》れて一切《いっさい》聞かない

人の意見を聞かないということの原因は、まだ幾《いく》つもあると思います。

もちろん、自尊心が高いために、ほかの人の話を聞きたくないということもあるでしょうが、そのなかには、単にわがままで拒否《きょひ》しているだけではなく、「聞くと傷ついてしまう」という人もいるのです。

つまり、プライドの高い人のなかには、「傷つくから聞かない」という人もいて、プライドが高いがゆえに、少しでもつつかれたら、「今までせっかく積み上げてきた〝積み木〟が、すべて崩《くず》れてしまうかもしれない」と思って、人の話は一切《いっさい》聞かないというわけです。

ただ、そういう人は、大成はしないのです。やはり、小成《しょうせい》しかしません。

人の意見を聞けず、大成しない人の特徴④　ああ言えばこう言うタイプ

ほかには、「ああ言えばこう言う」型で、すべて切り返せば生き抜《ぬ》けると思っているような人もいます。

実際上は何も改善しなくても、口だけで生き残れる術を身につけた人もいるのです。そういう人は、議員や官僚《かんりょう》などにも大勢いるでしょうが、やはり、大成する道ではないように感じます。

人の意見を聞けず、大成しない人の特徴⑤

経験を軽視し、机上《きじょう》の空論《くうろん》を言う

さらに、経験というものを軽く見すぎるところはあるかもしれません。

人は、経験を積むことによって、考え方にも進歩が生まれるのであり、やはり、理論だけ、机上《きじょう》の空論《くうろん》だけではいけないところもあるのです。

先の大戦のときに、大本営参謀《だいほんえいさんぼう》の立てた作戦が数多く失敗したことについては、確かにそのとおりのところはあると思います。頭のいい人を集めて図上演習ばかりをいくらやったところで、実際に戦ってみたら違《ちが》ったということはあります。これは、現地を見てもいないということでしょう。

軍議を行う軍師というものは、古い時代の中国などにもいましたけれども、彼らは、平時においては馬を走らせ、できるだけいろいろなところへ行き、地形など、さまざまなものを見たりして、勉強していたことが多いのです。

ですから、地図だけを見てやっていたわけではありません。実際の地形等から、無理か無理でないかを知っているのは大事なことなのです。

例えば、織田信長《おだのぶなが》も、「うつけ者」といわれていた時代に、山河《さんが》をよく駆《か》け回っていたために、地形によく通じていたところがあって、このくらいで行けるというのを知っていたからこそ、桶狭間《おけはざま》の戦いで急襲《きゅうしゅう》ができたとも言われています。

そのように、地図だけを覚えるのではなく、実地に行っていろいろと見ているというのは大事なことなのです。

勝海舟《かつかいしゅう》が「鄙事《ひじ》に多能」になった理由

例えば、幕末の勝海舟《かつかいしゅう》などは、大奥《おおおく》の節約をするのに、「口で言っても分からないから」ということで、江戸《えど》市中では、実際にほかの人たちがどういう暮らしをしているかを、大奥の女性たちに見せたりしました。

「ここは、銀ではなく鉄瓶《てつびん》で湯を沸《わ》かしているね」というような感じでいろいろ見せていくうちに、大奥のなかでも見直しを始めたのです。「これは要《い》らないかもしれない」「これはこうしたほうがいいかもしれない」といった発想が湧《わ》いてきて、自分たちで改善し始めたといいます。そのように、見なければ分からないこともあるわけです。

こういうものを「鄙事《ひじ》（些細《ささい》なこと）に多能なり」と言いますが、なかなか難しいことです。

これは、孔子《こうし》が、「若いときに貧しかったために、鄙事に多能なり」と言ったという話から来ています。要するに、「細々《こまごま》したつまらないことに多能である」ということです。孔子は、「若いころは貧乏《びんぼう》だったので、いろいろなことをやった。だから、さまざまなことについてよく知っている」というようなことを言っていますが、これは大事なことです。

最初からお大尽《だいじん》にすぎる生活、要するに、万事《ばんじ》、「よきに計《はか》らえ」といった生活しかしていなかったりすると、そういうことがまったく分からないのです。貧しいということも、いろいろなことを勉強できるという意味では、非常にありがたいことであると、私は思います。

客観的に見れば、私も、どちらかといえば貧しい育ちをしてはいるのですが、自分自身では、お金に困ったという思いは持っていませんでした。日々、三食食べることができ、学校へ行ければ、それで満足していたので、それ以上は特に何も必要だと思っていなかったのです。

そのように、当時は、困っているつもりは特になかったのですが、あとから見ると、ほかの人たちは、もう少し便利なものをいろいろと経験したり、体験したりしていたのかなと思うことはあります。ただ、私としては、何か便利なものや横着《おうちゃく》なものを使って、学力を上げたり、うまいことをして道を拓《ひら》いたりするようなことに対しては、むしろ、何となく情けない感じを受けていたのです。そういう気持ちはありました。

昔は、学校や偏差値《へんさち》等の違いをことさら大きく取り上げて、それを一種の階級のように捉《とら》え、「偏差値が『5』も違ったら結婚《けっこん》できない」と言うような人もいたことはいたようです。

そのように、世間のことをすべて〝偏差値観〟によって色分けをして見るような人もいるのですが、私は、あまりそうは思わないタイプではありました。

今であれば、偏差値が違うと、上司と部下の関係もなかなかうまくいかなかったり、同僚ともうまくいかなかったりするのでしょうけれども、私は、あまりそういう感じ方はしなかったのです。

両親への感謝は人間としての素質にもかかわりがある

私の親も学歴はなかったほうだと思うのですが、それでも私としては、三十五歳《さい》ぐらいまでは、親のことをずいぶん立てていましたし、父親などの意見もできるだけ聞くようにしていた気はします。

ところが、私の四つ上の兄のほうは、京都大学に入ったあたりでけっこう貴族趣《しゅ》味《み》になりました。実家には大してお金もないのに、本人は貴族のような気分になって、何かちょっと凝《こ》ったものに関心を持ち、「お金がないとできない」というような苦情もずいぶん多く、両親に対してもそういうことで責めていたような気がします。そして、両親たちのことを、やや粗野《そや》な育ちで何も知らないというか、田舎者《いなかもの》で何も分かっていないというようなことを兄が言っては喧嘩《けんか》になるのを、私は学生時代によく見ていたのです。

そのように、兄は、「京大に入ったんだから言うことを聞け」というような感じで言っていたのに対し、東大に入った私はそのようにはならず、三十五歳ぐらいまでは親の言うことをよく聞いて親を立て、ある程度、斟酌《しんしゃく》もし、どちらかといえば、親を偉くしてあげようという感じのほうが強かったのです。

こういうことは、やはり、多少、人間の素質の問題もあるのかなという気がします。

もちろん、バカにすること自体は簡単だとは思います。実際に、私が両親にしてもらったことといえば、三食食べさせてもらったことと、小・中・高と公立の学校に通わせてもらえたこと、そして、大学に行かせてもらったことぐらいだったかもしれません。また、「授業料が安いから国立大へ行け」と言われたので、それに従い、奨学金《しょうがくきん》をもらったりアルバイト等をしたりしながら卒業してはいるので、それほど感謝しなくてもいいと言えばそうかもしれません。それでも、私は、やはり、ずいぶんありがたいと思っていたほうだったのです。

これは、その人間の考え方次第《しだい》ではないでしょうか。

「仕事」と「親孝行」、公《こう》と私《し》のバランスの取り方

ところが、私が三十五歳ぐらいになって、宗教法人格も取得して教団が大きくなり、万の単位の聴衆《ちょうしゅう》を前に講演会をするようになったころにも、まだ父親が一緒《いっしょ》に講演をしたりしているのを見てか、週刊誌等が「ステージパパ」などというような批判をし始めたのです。

それに対し、父のほうは、「わしがあって、宗教ができたんじゃ」というように

憤慨《ふんがい》していましたが、そういうものは、内部では通じても、外部では客観的に通じなくなってきていたように思います。

また、「どうして、いつも一緒にやっているのか」というような感じの批判は、内部からも出るようになっていました。

当時、私は、父から仕事を取ったら、ほかに何もなくなってしまうので気の毒かと思い、ある程度の仕事はできるようにと思ってはいたのです。ただ、週刊誌等から、「大川隆法の遅《おそ》すぎた親離《ばな》れ」といった〝お説教〟を食らったりして、「そうか。やはり、そろそろ自分でやらなければいけないのかな」と思うようになりました。

そこで、東京ドームで講演会をするころになって、ようやく自分一人で行うことにしたわけですが、それまでの数年間は父親と一緒に講演会をしていたこともあって、父は、「わしがおらんかったら駄目《だめ》や」と言うのです。私は、「東京ドームへは来なくていい」と、一生懸命に押《お》しとどめていたのですが、結局、徳島のほうの秘書を連れて、〝強行突破《とっぱ》〟したようです。正規には呼んでいなかったので、うろうろしているときに職員に見つけられ、別のところへ招かれて観《み》ていたようです。

父は、最初、東京ドームでやるなら、それなりの企画《きかく》が要るということで、「霊《れい》言集《げんしゅう》というのが大事だということを、みんなに知らしめなければいけない。最初に、わしが質問して霊が答えている霊言のテープを東京ドームで流したら、みんな感動するに違いない。それを第一部にして、あとは、おまえが講演したらええ」というようなことを言っていたのです。それで、「まあまあ」「もうそろそろいいですから」と抑《おさ》えていたわけですが、仕事的には引き際《ぎわ》が来ていたようです。

それから十年ぐらいたち、父がわが家《や》に来たときに当時の話が出て、「実は一回目の東京ドームの講演に、わしは行っていたんじゃ」というようなことを怒《おこ》りながら話したこともありました。

そのように、それまでは親孝行をしてきたわけですが、時期が来たら一線を退《しりぞ》くように納得《なっとく》してもらうのも、また大変なことではありました。

いつも当会に厳しく〝一刺《ひとさ》し〟してくる新潮社《しんちょうしゃ》などが、当時、そういうことを書いたりしていたので、多少、考え直さなければいけないかなと思ったこともありました。

また、以前、ある雑誌に、「大川隆法の父は○○、母は○○で云々《うんぬん》」と書かれたことがありました。すると、父は徳島から電話をかけてきて、「大川隆法の両親について、名前を挙げてまで書くのなら、この対談者の両親の名前も書け」と言って怒っていました。自分たちの名前を出されたということに対し、「対等でなければいかん」とか、いろいろ言ってきたのです。

そのように、やや口うるさくなってきたところもあり、父にはほどほどにしてもらわなければいけないという状況《じょうきょう》になったのです。そのため、何年かは若干《じゃっかん》厳しい時代があったこともありました。

親を立てたくても、公務としての仕事のところで合わなくなってきたら、多少、距離《きょり》を取らなければいけないところはあります。ただ、育ててもらったのに、そのことを忘れて、すべて自分でやったように言うのも間違っているでしょう。そのあたりの中道《ちゅうどう》の取り方には、なかなか難しいものがあります。

実体験を通し、客観的な「実力」や「評価」、「人との距離《きょり》の取り方」を知る

そういうことは、学校の先生にも同じようなところがあるでしょう。小学校のときは小学校の先生が偉いと思うし、中学校のときは中学校の先生が偉く見えるし、高校では高校の先生が偉く見えるものです。また、大学に入れば、大学の先生も偉いように見えます。

しかし、実際のところ、卒業後は先生よりも教え子のほうが偉くなることも多いため、先生は、社会で出世していく人たちのことをうらやましいと思っている面もあるわけです。そこに微妙《びみょう》な価値観の違いはあるでしょう。そのあたりの評価はなかなか教えてもらえるものでもないので、「客観的に見て、自分にはどのくらいの実力があって、どの程度評価されてよいものなのか」「人との距離《きょり》の取り方はどの程度であればよいのか」といったことは、よく知らなければなりません。

ただ、自分よりも大人の人がたくさんいるような世界にいて、自分の仕事が、まだまだ批判されたりチェックされたりしているような立場にあるときには、やはり、もう少し、年上の人のアドバイスなども聞かないと足をすくわれることがあるので、そのあたりは気をつけなければいけないでしょう。

以前、小保方晴子《おぼかたはるこ》さんの事件があったときにも、そういう感じを受けたことはありました。

若い女性がリーダーになって、研究開発をしているという点はよいとしても、割烹着《かっぽうぎ》を着て、キッチン仕事をしているお姉さんのような出《い》で立ちで研究をする様子が、ニュース等に流れたりすると、「ああ、大人の男性の研究者たちは、こういうチャラッとしているのを見ると腹が立つんだろうな」などと感じるところもありました。

やはり、もう少し、身を護るための適正な考え方や振《ふ》る舞《ま》いなどもあったのかなという気もします。

人には、ある程度、優《すぐ》れているものがあったとしても、ほかのところではやや劣《おと》っているものもあるかもしれないので、他の人の意見を聞くべきところは謙虚《けんきょ》に聞きながら、次第しだいに自立、独立していかなければいけないこともあります。そのあたりの兼《か》ね合いは難しいのです。

吉川英治《よしかわえいじ》風の「我以外皆我師《われいがいみなわがし》」の気持ちを持つ

昔、「BART《バート》」誌で渡部昇一《わたなべしょういち》先生と対談したときに、「学生のみなさんもだんだん学力がついてくるから、教えていると大変になりませんか?」というように水を向けたら、渡部先生は、「いやあ、そうなんですよ。大学院ぐらいへ来ると、英語の学力が拮抗《きっこう》してくるのでけっこう難しいところがあるんですけど、ありがたいことに、みんな卒業していってくれるんです」と言っていました。そのように、毎年、下の年次の人が入ってくるので、そういう学者商売が務まるというわけです。「毎年、一年生が入ってきてくれるし、『危なくなってきたなあ』とか『こいつ、でき

●渡部昇一先生と対談……『フランクリー・スピーキング』(幸福の科学出版刊)参照。

るなあ』などと思っても、だいたい卒業していなくなるので、助かるんですよ」というように、正直なことをおっしゃっていました。

ところが、宗教の場合は卒業してくれないわけです。宗教には、大人たちに教え、死ぬ間際の人まで教えて、ある意味では死んでからあとの人も教えているところがあります。学生のようには卒業してくれず、大人を教えなければいけないので、その意味では、こちらの努力にも終わりがないようなところがあるのです。

したがって、自分自身で、自信を持ったところをつくって確立していかなければいけないと同時に、吉川英治《よしかわえいじ》風に言えば、「我以外皆我師《われいがいみなわがし》」というようなところも要るのです。「自分以外はみな先生だ」と思うような部分も持っていなければ、学べないところがあります。これは、「自分の専門ではないところでやっているような人たちは、みな勉強の材料になる」という考えです。そういう考えは、私も常に持っています。

そのような気持ちを持っていないと駄目になりますし、また、年下の人のなかからでも、学べるところはしっかり学ぶという気持ちも大事かと思います。

例えば、松下幸之助《まつしたこうのすけ》氏も、そのあたりは苦労したのではないでしょうか。自分よりも高学歴の人たちを使わなければいけない立場になっていったので、本当に困ったのではないかと思います。大学が何を教えているところか、大学院ではいったい何を教えているのか、そういうことはさっぱり分からないけれども、その卒業生たちが研究したものについて、何か意見を言わなければならなかったわけなので、おそらく難しかっただろうと思います。

そのように、見取り稽古《げいこ》というか、とりあえず、いろいろなものを見ながら勉強していき、自分が成長していくことも大事でしょう。

人間としての伸《の》びしろがある人の特徴《とくちょう》

また、自分のことを説明するときに、いつも自分より下のレベルの人を引き合いに出して、「あの人に比べれば、自分はもっと優れている」と言う人もいれば、自分より優れている人を引き合いに出し、「あの人に比べれば、自分はまだまだ足りないので、もっと努力しなければいけない」と言う人もいます。

そのどちらで見るかによって、やはり、人間としての先が、見えると言えば見えてしまうのです。

いつも自分より上にいる人のことをたとえに出したり、そういう人の考え方を思ったりしながら、「あの人のようにならなくてはいけないという観点から見たら、自分はまだまだ足りないし、努力も不足している」と思えるような人は、まだまだ伸《の》びる人です。

しかし、「おまえ、これは駄目じゃないか」と言われたら、「いや、そうは言ったって、あの人だってもっとできないですよ」とか、「あの人は私より上の立場になっているけれども、これをまったく知らないですよ」とか、そういうことを言って自分の立場を合理化するような人は、その後、残念ながら、正統派として成長していくことが難しくなるということです。

私の場合は、「自分より下の人がいるから自分は優れている」というような考え方はしないし、言いません。基本的には、そういうことは言わず、より優れたところがある人と比べれば自分は足りないと、いつも自戒《じかい》していくタイプではあります。そして、その気持ちがあるうちは、まだ伸びしろが残っていると、自分では思っているのです。

もし、自分よりできない人を引き合いに出して、「だから、自分は頑張《がんば》っているんだ」というようなことをあまり言うようになってきたら、これは、多少もうろくしてきたかもしれないと思わなければいけないと考えています。

以上、大まかに言えば、そういう感じでしょうか。

Q4　慢心《まんしん》に気づき、自己客観視するためのポイント

質問者D　「慢心《まんしん》への対処法」について質問させていただきます。

初期のころより「慢心への戒《いまし》め」ということを繰《く》り返しお教えいただいていますが、宗教者として、慢心していることに自《みずか》ら気づき、反省を深めていくためのポイントについてお聞かせください。

「慢心の毒」は、すぐには気づけないもの

大川隆法　「慢心の毒」というのは、すぐには分からないものなのです。この世的に見て、「これをやったら、こういう罪になる。犯罪になる」、あるいは「悪いことだ」などと分かっていることについては、人は比較《ひかく》的早く判断できることが多いの

ですが、「慢心」というのは、次第《しだい》しだいに出来上がっていくものなので、分からないことが多いのです。

この「慢心」も毒の一つであるのです。特に宗教系や学者系の人には、やはり、この「慢心の毒」というものがあります。

この世的に、何か犯罪行為《こうい》をしているわけでもなく、悪いことをしているわけでもないので、ただ単に業績が上がったり、名前が上がったりお金が儲《もう》かったりすることで、人がいろいろとほめてくれたり、持ち上げてくれたりすることもあるかもしれません。しかし、そのときに慢心が生まれ、それが転落のもとになることがあります。

この慢心が転落のもとになるということに関して、ものの話としては、みなさんも読んだり聞いたりしたことぐらいはあるでしょうけれども、自分もそうなるということは、経験をしてみなければ、なかなか分からないことがあるのです。

それは、私がいくらここで、何回、何百回と言っても、自分がその立場に立たないかぎり、おそらく分からないと思います。本当のところは分からないでしょう。しかし、新聞や週刊誌などを読んでみれば、だいたい分かるところもあるのではないでしょうか。

例えば、注目されていたような人が、突如《とつじょ》、ワッとマスコミに叩《たた》かれるようなことがあります。それも濡《ぬ》れ衣《ぎぬ》の場合もあるので、すべてをそのとおりに受け取ってはいけないところもあるのですが、濡れ衣であったとしても、その人の出世振《ぶ》りや羽振りのよさなど、そう言いたくなるような原因が何かしらあることはあるのです。

もちろん、それが真実ではない場合や間違《まちが》っている場合もありますが、それでも、「あいつ、偉《えら》くなったつもりでいるんじゃないか」とか、「人の恩を忘れているんじゃないか」とか、あるいは「ＰＲがちょっと過ぎるんじゃないか」とかいうように、ほかの人を多少なりとも刺激《しげき》している面はあるのではないでしょうか。

ところが、そういうことに徐々《じょじょ》に気がつかなくなっていき、当然だと思ってしまうことがあります。そのあたりが非常に危ないところなのです。

慢心の毒は、直接何かに害を及《およ》ぼしていくわけではありませんが、慢心があると、だんだん自分自身が「腐食《ふしょく》していく鉄」のようになります。「自分は強い。鉄のようなものでできている」と思っていたのが、だんだんに酸化して、赤錆《あかさび》がついたりボロボロになったりしてきているにもかかわらず、本人は、「相変わらず昔のままだ」と思っているようなところがあるのです。

鉄パイプや鉄骨で足場を組み、上へ上へと上《のぼ》ってビルを建てているつもりでいても、下のほうの物がどんどん腐食していっていると、上にいくら物を積んでも、最後は非常に危険なことになります。

そのようなことで足をすくわれる場合があるのです。

大志を抱《いだ》いている人が心掛《こころが》けるべき「リスク管理」

最近、週刊誌等で騒《さわ》がれている人にも、そういう人はけっこう多いと思います。成功しなければ、もちろん狙《ねら》われることはないのですが、一定の成功をすると狙われるようになります。そして、足をすくわれる感じのアタックを初めて受ける恐《おそ》れがあるときには、だいたい用心ができていません。〝ファーストアタック（最初の一撃）〟に対しては、ほとんど用心していないことが多いのです。

例えば、海で人食いザメに一回襲《おそ》われたら、そのあとは、怖《こわ》くて怖くて、警戒《けいかい》を怠《おこた》らないと思うのです。最初の一嚙《ひとか》みは、これは、なかなかこたえるものなのです。「まさか、こんな浅瀬《あさせ》にサメは泳いでいないだろう」と思い、何の危険も感じずに安心して泳いでいたのに、あとで上空から撮《と》った写真を見ると、サメが近くをグルグル泳ぎ回っている様子が写っていたら、ゾクッとするでしょう。しかし、たいていは気がつかないことが多く、気がついたときには、「足を一本持っていかれた」とか「手を食われた」とかいう状態であることが多いのです。

そのサメに当たるものが、週刊誌等に多いのです。

ただ、これも何度か述べたことがあるように、いきなりガブッと嚙むわけではなく、相手の習性をよく見極《みきわ》める癖《くせ》があります。周りをグルグル周回しながら、「どのようなパターンを持った生き物であるか」をよく見て、だいたいパターンを読み、「このあたりでガブッといくと効果的だな」と思うところで、相手が油断しているときにガブッと噛む癖を持っているのです。

そのため、相手は自分が狙われていることに気づいていないわけです。

猟師《りょうし》に狙われているシカやリスなどは、銃口《じゅうこう》が自分に向いていることを知りませんが、いったんズドーンという音がしたら、怖がって一斉《いっせい》に逃《に》げ出します。しかし、最初の一発の音が森にこだまするまでの間は、みな安心し切って生きています。そういうところがあるのです。

そのように、「慢心の毒によって自分自身が腐《くさ》っていく場合」もあれば、「慢心している間に敵に襲われる場合」もあります。

要するに、努力することを怠って、怠《なま》け者になるとか、働かずして成果を手に入れるようなことに慣れてしまうとかして、自分自身が駄目《だめ》になり、腐っていく場合が一つありますが、もう一つ、慢心している間に、敵にずっと周りを狙われ、いつかガブッとやられる場合があるのです。

足を一本持っていかれたら、その代償《だいしょう》は大きいのです。片足を食いちぎられないようにするためには、人はどれだけの代価を支払《しはら》うでしょうか。そうとう、神経を使い、お金を使い、場所を選び、装備をつけたりして、頑張《がんば》るだろうと思います。

ところが、そうするのは、たいてい〝最初の一撃《いちげき》〟が終わったあとですし、その〝最初の一撃〟で沈《しず》められてしまう人は、かなり多いのです。

見ていると、大臣であっても、週刊誌あたりのスクープ一発でクビが飛んでしまう人が何人もいるので、なかなか厳しいものだと思います。国民に選ばれて議員になり、さらに、所属政党のなかで選ばれて大臣にまでなった人が、就任して一週間もしないうちに一発でやられてしまうこともあります。

週刊誌等は、いろいろな人のことを調べてあるのですが、その人があまり偉くないときには黙《だま》っていて、偉くなった瞬間《しゅんかん》にポンと出してくるわけです。

ですから、自分が偉くなったときのことを考え、「リスク管理」等を心掛《こころが》けなくてはならないわけですが、このへんを怠っているところがあるのでしょう。

本当の意味で大志を抱《いだ》いているのであれば、階段を上がっていく間に、少しずつ少しずつ用心をしていかなくてはならないのですが、どうしても、「自分は大丈夫《だいじょうぶ》だろう」という気になってしまいます。こういうかたちの光明《こうみょう》思想は、危ない光明思想ではあります。

「金」と「異性」で、後ろ指をさされることがないか

私は意外に、若いころ、二十歳《はたち》前後や二十代の前半ぐらいの、世間《せけん》的に言えば、まったく無名のころに、むしろ、ずいぶんいろいろと用心していました。

会社に勤めているときには、「たぶん、会社を辞《や》めて独立し、宗教を起こすだろう」と思っていたので、「何十年かたってから、『あのときに、あいつはこうだった』と言われ、後ろ指をさされることがあってはならない」と思っていたのです。

そういうことを、二十代の前半も後半も、ずっと思っていました。

私が現在のような立場に立ったときに、「あのとき、こんなことをしていた」と言われて、「恥《は》ずかしいなあ」と感じることをしてはいけないと思い、わりに若いときから、そういうことのないよう、自分なりに、ずいぶん慎《つつし》んでいたのです。友達だ何だと言っても、いずれ立場が変わってきたら嫉妬《しっと》することもあるわけであり、嫉妬したときには、「あのとき、あいつはこんなことをしていた。あいつと一緒《いっしょ》に、こんな悪さをしていた」というようなことを言ったりします。

私は、若いころから大志を持っていたので、「そのようなことを言われないようにしたい」と思い、当時から気をつけていました。おかげさまで、教団を始めてから、出家《しゅっけ》までのことについて後ろ指をさされるようなことは、何も言われたことがありません。

むしろ、出家前のほうが聖人《せいじん》のようだったかもしれません（笑）。全然付け入る隙《すき》がないため、ある意味では、面白《おもしろ》みがなく、周りの人から見れば、やや異常性はあったのかもしれませんが、「出世したあとに言われたら困るようなことは、しない」ということに関しては、徹底《てってい》していたと思います。

そのため、週刊誌がいくら嗅《か》ぎ回っても、何も出てこないのです。

それに比べると、「今の若い人は、まだ少し甘《あま》いのかな」と思うことはあります。「まだ有名になっていないから大丈夫だ」と思っているのかもしれませんが、「将来、自分が偉くなったとき、これについて後ろ指をさされるかどうか」ということを少しは考えたほうがよいのです。

私は、「特に、金銭関係で後ろ指をさされるようなことがあってはならない。たとえ、千円や一万円であっても、ネコババをしたりしてはいけないし、人から借りたお金を返し忘れることがあってはならない。また、不正なことに手を出してはならない」と考えていました。

異性との関係についても同様で、自分に厳しかったと思います。

そのように、「将来、仕事の面で困るようなことをしてはならない」ということでは、自分に対して厳しかったという気がします。

世阿弥《ぜあみ》の『風姿花伝《ふうしかでん》』が指摘《してき》する駄目《だめ》な人とは

芸事《げいごと》について説かれた書物である、世阿弥《ぜあみ》の『風姿花伝《ふうしかでん》』を読むと、駄目《だめ》な人として、一番目に、大酒飲み、色事に耽《ふけ》る者、（賭け事をして）お金等にルーズな人を挙げています。「こういう者は駄目だ」と、はっきり言っているのです。

これは、「自分を律せない人は、ほかの人に師として仰《あお》がれることは厳しいのだ。自分自身の欲を自分の裁量でコントロールすることさえできない人が、ほかの人を教えたり導いたりはできない」ということです。

このように、世阿弥は、「自分に厳しくない人には、芸事は無理だ」というようなことを言っていたと思います。

慢心を戒めるには、「自分を厳しく見つめる目」や「自制心」が必要だろうと思うのですが、そのもとにあるのは「大志」「大きな志《こころざし》」でしょうし、大志のもとにあるのは「真実を探究する強い情熱」だろうと思います。

本道《ほんどう》以外で足をすくわれたら神仏に申し訳ない

自分の本道《ほんどう》ではないところで、足をすくわれないようにしなくてはなりません。もちろん、本道で叩かれる分には、（戦いになっても）しかたがないのです。例えば、自分が「真理だ」と思っていることについて、「それは間違いだ。偽物《にせもの》だ」と叩かれたときには、断固、戦わざるをえないので、これについてはしかたがありません。

日蓮《にちれん》は「『法華経《ほけきょう》』が真理だ」と悟《さと》り、「南無妙法蓮華経《なむみょうほうれんげきょう》」と唱《とな》えることを説きました。それに対して、ほかの人たちが、「それはお経《きょう》の名前ではないか。それで救われるなんて、そんなバカな話があるか」と思い、日蓮に敵対したとしても、日蓮本人が教学をした結果、「これだ」と確信したのだったら、その敵と戦うのは正当なことだろうと思います。

また、「南無阿弥陀仏《なむあみだぶつ》」という念仏《ねんぶつ》でもって戦った人もいるだろうと思います。

自分が勉強した結果、「悟りを得た」と思った人が、それを護《まも》るために戦うときには、その悟りについていろいろと批判を受けても、「以《もっ》て瞑《めい》すべし」です。「自分の悟りが正当かどうか」ということを試《ため》される期間はあると思うのです。

ムハンマドは一神教（イスラム教）を立てましたが、ほかの三百六十もの神々はすべて否定され、「廃仏毀釈《はいぶつきしゃく》」並みに神像が打ち壊《こわ》されることになったため、以前からある宗教を信じていた人たちは、「ただでは済まさん」と言って、ムハンマドの命を狙いました。

もし命が惜《お》しければ、そこで一神教をやめ、「ほかの神々がいてもよい」と言うのでしょうが、ムハンマドは、自分が受けた啓示《けいじ》を「本物だ」と信じており、「一神教を立てたい」という気持ちが強かったため、結果として、それを実現しました。

そのように、「これを弘《ひろ》めることが自分の天命だ」と思ったならば、世間から批判されたり、悪口を言われたり、「気が狂《くる》っている」と言われたりしても、「以て瞑すべし」であり、それを受けなくてはいけないところがあります。

しかし、「本道以外のところで、足をすくわれたりしないようにしないといけない。そうでないと、神や仏に申し訳ない」という気持ちを持たなければいけないのではないでしょうか。このあたりが大事です。

「批判を手加減せねば」と周りから思われる人の特徴《とくちょう》

逆に言えば、周りの人は、本道のところが本当か嘘《うそ》か分からなくても、それ以外のところを見て、「努力し、自分を律する心を持っている人だ」と分かれば、その人を批判するに当たって、「一定の用心をしなければいけない」と思い、よく斟酌《しんしゃく》した上で言う場合もあると思います。

幸福の科学は、新宗教にしては、かなり大きな成功を収めていると思います。マスコミが当会を批判する論点は、本当は幾《いく》つかあるのだろうと思うのですが、「ずいぶん手加減をしていただいている」と私は思っています。

「私がマスコミだったら、もっともっと斬《き》り込《こ》めるのにな。『ここに斬り込んだらよいのに』と思うところが幾つかあるのに、手ぬるいな」と自分では思ってはいるのです。

マスコミが手加減をしているのは、私が一般《いっぱん》の人よりも、努力などの面で自分に対し負荷《ふか》をかけてきていることが分かるからだろうと思います。

例えて言えば、「あいつ、走るのが遅《おそ》いなあ」と言われたとしても、足に鉄下駄《てつげた》を履《は》いて走っているのでは、ほかの人と一緒に走るのは大変でしょう。

鉄下駄を履いて走る人が百メートルで十秒を切れないのは当然ですが、「鉄下駄を履かずに走ったら、いったい、どのくらい速いのか」がよく分からないので、批判をするときに、どうしても力は鈍《にぶ》ります。つまり、鉄下駄を履いて百メートルを走られても、その記録が普通《ふつう》の場合の何秒に当たるのかが分からないわけです。

その意味では、「戒律《かいりつ》など、いろいろな努力を自分に課している」ということは、「世間のなかで生き延びる方法」にもなるのではないかと思います。

政治家と秘書の間でトラブルが絶えないのは

それでも、人間である以上、いろいろと失敗や間違いは多くあると思います。それを直すチャンスがあれば修正できますが、もう過去のものになり、流れていってしまって、修正できない場合もあります。「今だったら、こうするのにな。あのとき、なぜ、こういうことを思いつかなかったのか」と思うようなことは、ずいぶんありますが、その時点では思いつかないわけです。

そのように、あとから見て、「こうしておけばよかったかな」と思うことは、いろいろあるわけですが、必ず後知恵《あとぢえ》になるので、まずは、そのときどきで、自分として「最善」と思うことをやるしかありません。

そして、「手直しが利《き》くもの」については、あとから手直しをしてもよく、「もう手直しが利かないもの」については、心のなかで反省するなり、今後について、よく考えるなりしたほうがよいと思うのです。

例えば、政治家と秘書との間でも、「秘書に出す給料の二十万円が惜しい」などという理由で、しょっちゅうトラブルが起きています。

政治家の秘書には、公設秘書と私設秘書がいます。公設秘書には、いちおう、国から出るお金で、ある程度、給料を払ってよいことになっていますが、私設秘書には自分の政治資金から給料を払わなくてはいけないため、できるだけケチをしたくて、なるべく払わないで済ませたいわけです。

したがって、秘書に対し、「必要のない経費をつくり、捻出《ねんしゅつ》したお金などで食べていけ」というような感じでいる政治家もいることはいます。

ただ、理不尽《りふじん》な扱《あつか》いをすると、あとで恨《うら》まれることもあります。人は、いろいろなところで恨みを買うものであり、自分の知らないところで恨みを買っていることがあります。

それから、ある人が高い地位を得たり、高い収入を得たり、目立つような処遇《しょぐう》をされたりしたとき、その人にとっては、それでもまだ十分ではなかったとしても、

「ほかの人にはどう見えるか」ということを、いつも思っておいたほうがよいのです。

ほかの人が、「あの人には、あのくらいは当然なのかな」と思えるうちはよいのですが、そう思えなくなると、周りがいろいろと意見を言ってきます。

そして、宗教の場合は、いろいろな批判に対し、「信仰心《しんこうしん》がない」の一言《ひとこと》で片付けてしまうと、内部でバトルが起きたりすることもあるわけです。

慢心《まんしん》してしまうと、発展は必ず止まるので工夫《くふう》を

慢心《まんしん》の克服《こくふく》は非常に難しいことですが、宗教においては、慢心の毒は、あとになればなるほど回ってくることがけっこうあるので、とにかく、若いうちから心掛けて、自分に甘くなりすぎないようにし、自分に厳しめに物事を考えてやっていくことが大事です。

それから、何かを自分のものにしようとすると、〝逆の結果〟になってしまうこ

とが多いのです。「ほかの人のために」と思っていれば、自分に返ってくることはありますが、「自分のために」と思ってやっていたら、ほかの人がそっぽを向くことも多いわけです。そのことは、くれぐれも知っておかなくてはなりません。

今、日本の宗教の信者数は、平均すると、「一つの宗教に三百人いる」ということになるのですが、普通の人が慢心するのは、ちょうどそのくらいの規模からです。三百人ぐらいの支持者や信者に囲まれたりすると、「自分は偉くなった」と思い、だいたい慢心するのです。

当会の支部長などは教祖のような扱いを受けないとは思いますが、それでも、ある程度、慢心してくるところがあるだろうと思います。

通常の教祖の場合、「信者が百人できたら、ベンツに乗れる」と言われていて、だいたい、普通のサラリーマンよりも、はるかによい感じの待遇に自然となってきます。

そのため、自分の力以上の評価が出てくる場合があり、そこで慢心してしまうことがあるのです。

しかし、慢心してしまうと、発展は必ず止まるので、大きくなっていくところでは、慢心しないための工夫《くふう》をしているのではないかと思います。

第2章

人としての真の賢《かしこ》さはあるか？

宗教者の条件：人生の智《ち》慧《え》編

2017年9月14日　収録
幸福の科学 特別説法堂にて

1　現代の宗教者に求められるべき「学徳《がくとく》」とは

学問をした人がますます慢心《まんしん》していくのは、なぜ？

大川隆法　本書第1章では、男性からの質問を四つ受けましたが、女性からの質問を受けていませんでした。また、「家族の問題」等についても、論点的にカバーし切れていないところもあったと思われるので、本日は届いていないところを埋《う》めることができればいいかなと考えています。

昨日《きのう》のQAを聴《き》いて、どうでしたか。

質問者E　はい。「宗教修行《しゅぎょう》を続けていても慢心《まんしん》は出てくる。慢心には気をつけなければいけない」ということを学ばせていただきました。

大川隆法　そうでしたか。私も最近、若い人を見て、不思議に思うことがあるんです。

昔から、学問をすると、「学徳《がくとく》」というものが生まれてくると言われています。つまり、何か学問をした人というのは、「偉《えら》い人だな」と思われて、自然に尊敬されたりするわけです。人生の諸問題で悩《なや》んでいる人たちが、学のある人に、「どうしたらいいのでしょうか」と相談して教わるので、自然に先生になっていくような流れはあったと思うんですよ。

ところが、最近は、どうもそういう感じではありません。学問をしたはずなのに学徳が生まれず、かえって憎《にく》まれたり、叩《たた》き落とされたりするような人が多いでしょう？　世間《せけん》を騒《さわ》がせているものを見ても、そういうことが多いですよね。

やはり、自分のさらなる出世や地位、名誉《めいよ》、財産などを求めるほうに行きがちなのかもしれません。学力があったという梃子《てこ》を利《き》かせて、「もう一段、もっともっと」と思うようなところがあるのではないでしょうか。そういうものには学徳のようなものがあまり感じられないので、ここは不思議なんですよ。

勉強をするほど、ほかの人のことが見えなくなる人は、出世できない

大川隆法　どうしてでしょうかね。「年齢《ねんれい》のせいでそのように見えてきたのかな」と思ったりもして、「私自身が古くなったのかな」と、少しショックは受けているのですが。

まあ、世間でいろいろと言われている人たちも、私より年下の人たちになってきたので、私から見れば当たり前のことが、初めての躓《つまず》きになるようなこともけっこうあるのかもしれません。

いや、不思議な感じはします。本来ならば、勉強をすればするほど、自分の足りないところなどがよく分かってきたり、「もっと勉強しないと駄目《だめ》だな」ということを感じるようになったりするはずなんですが、「これだけ勉強したんだから、も

っと認めてくれ」とか、「周りが自分を尊敬するのは当然だ」とか、「自分を持ち上げるべきだ」とか、年上の人に対しても「自分を支えろ」というような感じでしょうか。

おそらく、子供時代から親に大事にされて、塾《じゅく》や学校等でほめられたり、友達にほめられたりして、「ヨイショ、ヨイショ」と持ち上げられてきたのだと思います。それで、学歴をつけたり、いい会社に入ったりもするのでしょうが、どんどん上のほうを向いていって、鼻が天井《てんじょう》につきそうなぐらいになっているのかもしれません。上を向いて鼻が天井につきそうになると、足元は見えなくなるし、自分が躓きそうになっても分からないし、ほかの人も見えなくなるのでしょうね。

いずれにしても、「昔はこうだったかな?」という、何とも言えない不思議な感じがあるのです。

私たちの時代も、確かに、高校生ぐらいまでの人は、成績がよければ偉くて、上《うえ》下《した》で見るような感じもあったと思います。ただ、大学に入ってからあと、その後の進路をよく見てみると、必ずしもそういう見方ではなくなってくるように思うんですね。

例えば、「性格的にやや問題があるな」とか、「付き合いが悪い」とか、「暗いな」といったことは、勉強の成績には直接関係ないかもしれません。ただ、そういう人は、学生時代によい成績を取れたとしても、社会に出てからは出世していないというか、消え込《こ》んでいったようなことが多い感じがします。

そのあたりは、どうしても点数が付かない部分ですよね。これが難しいところなのかもしれません。

要領よく勉強してよい成績を収めた人は、本当に賢《かしこ》いのか?

大川隆法　要領よく勉強して成功するような人というのは、範囲《はんい》を狭《せば》めていって勉強するんです。試験によく出るようなものをうまく選び出し、そこを繰《く》り返し反復し、集中的にするわけです。

要は、かけた時間のわりに高い成果を出すようなことに長《た》けた人が、けっこういい成績で楽に乗り切っていくようなところはあります。そして、それ以外の時間は遊びに使うとかして、自由に使えるようなのがクールで格好《かっこう》いいという感じはあるんですよね。

ただ、「それは本当に賢《かしこ》いことなのか」というと、疑問がないわけではありません。

ちなみに、私の後輩《こうはい》に当たりますが、東大法学部出身で、成績がずっとよかったという女性の方などは、「とにかく、教科書一冊だけを七回繰り返し読んで覚えてしまうのです。そうすれば、大学の成績も『優《ゆう》』が揃《そろ》ったし、試験も通りました」というようなことを言っています。

確かに、睡眠《すいみん》時間を削《けず》って勉強した分は頑張《がんば》ったのだと思いますが、例えば、私のように本をたくさん書いたり、聴衆《ちょうしゅう》の前で話をしたりする場合には、それだけでは勉強が足りないのです。

もちろん、昔から「一書の人畏《おそ》るべし」と言われることはあって、『聖書《せいしょ》』や仏典《ぶってん》、『コーラン』、『論語』などの古典を一冊だけ延々と読み続けている人というのも、それなりに怖《こわ》いものはあります。どこに何が書いてあるかまで知っている人というのは怖いので、その意味では正しいのかもしれません。

ただ、例えば、法律の本一冊を丸暗記に近いかたちで覚えていたからといって、社会全体のことについて答えが出るわけではないですよね。

「考えにいろいろな違《ちが》いがあるのを、どうしたらよいか」ということであれば、法律の本一冊をマスターするよりも、むしろ、それと違う意見についても勉強したり、反対の意見等も知ったりしているほうが、「調整的に何がよいか」という考え方が出てくるのではないでしょうか。

そういう勉強の仕方をした人は、一定の時間に限ったときには、必ずしも高得点を取れるわけではありませんが、疑問を持って関連する分野等も耕していくと、やはり、ちょっと違うように見えてくるのです。

自分なりに問題意識を持って勉強していくと「鳥の目」が持てる

大川隆法　例えば、ある国際政治学者に対して、私が少し批判的な文章を書いたら、その人は、「いや、それは国際経済の分野であって、国際政治の分野ではないのだ」というようなことを、大学の教壇《きょうだん》で学生たちに向かって、開口一番に言い訳をしていたそうです。

ただ、そうは言っても、政治は、経済や法律、文化等、いろいろなものと連合で動いてくるものなので、本来、全部見なければいけないものでしょう。「経済は関係ない」と言っても、それは学問の区分の問題であって、実際には、政治は、「国がどのような行動を取るか」「国民がどう支持するか」といったほかの領域も関係してきますよね。

こうしてみると、「受け身の勉強で評価された」というだけでは、実は駄目なのです。自分なりに問題意識を持って、「こういう問題なら、どうするか」ということを考えなければいけません。

やはり、「まだ不十分なのかな。このあたりをもっと勉強しておかないと駄目かな」と思って、足らざるところを知って勉強していたような人は、新たな問題にも答えられるでしょう。

また、専門的になっていくと優秀《ゆうしゅう》になったようにも思えますが、実際は目が狭《せま》くなっているので、見えていない面があるわけです。

もう一つの目として、広い目、いわゆる「鳥の目」で広く見渡《みわた》さなければいけない面があるのですが、その努力を怠《おこた》っているところがあるのではないかという気はします。

要領よく試験に通るハウツーもののマイナス点

質問者E　総裁先生は、諸学問を統合し、さまざまな分野にまたがってご意見を発信されていますが、私たちは、その素晴《すば》らしさをまだ十分に広げ切れていないと感じています。

大川隆法　私がそういうことを志したのはずいぶん早かったですね。あとからではありません。大学に入ってまもないころに志していました。

なぜなら、自分が専門にしたものだけでは世の中が見切れないというか、分からないという感じがあったからです。

例えば、法律の勉強をして弁護士になった人が会社へ入った場合、顧問《こもん》弁護士として裁判対応などはできるでしょうが、会社の運営等ができるわけではありませんよね？　まあ、破産したときの手続きといったものはあるかもしれませんが。

だから、「自分はどのようになりたいのか」と思って、それに対する準備をいろいろと考えていると、守備する範囲は広くなるわけです。ただ、その間《かん》、分からないことや手が届かないことに耐《た》える期間があると思います。

ところが、そういうストレスをできるだけ溜《た》めないようにするには、ターゲットに合った勉強をしたほうがいいという考えが出てきます。それは、「要領よく試験に通るということに熟練した者が、すべてに通じる」というような考え方なのではないかと思うのです。

これが、ハウツーもの全盛の、ある意味でのマイナス点かもしれません。

付き合うほどに味が出る「スルメ」風の人間

質問者E　総裁先生は「学徳」と「宗教的人格」とを両立されていたのではないかと思いますが、「学徳」と「宗教的人格」とをどのように両立されたのでしょうか。

大川隆法　うーん……。

いや、私は、そういう感覚はあまりなくて、「人間としては、ずいぶん不器用《ぶきよう》な生き方をしているな」という気持ちのほうが強かったのです。「ほかの人のほうが〝生き方の作法《さほう》〟をよく知っているし、世の中には優《すぐ》れ者がけっこう多いな」と思っていました。

「いったい、どこで勉強したんだろう？　親がちゃんと教えてくれたのか、それとも、お祖父《じい》さんお祖母《ばあ》さんの代からの家庭の文化で育ったのだろうか。何かそういうことを教えてくれる人がいるのかな」などと思っていたわけです。

こちらは足らざるところですね。そういうもので恥《はじ》をかいて、ギャップをずいぶん感じていたので、正直に言えば、あなたが言うほど、人間的に完成していたような気持ちはなかったですね。

ただ、「不器用なわりに、ときどき鋭《するど》いことを言う」という感じはあったかもしれません。まあ、その程度かな。不器用だけれども、ときどき鋭いことを言うということで、たまにほめてくれる人がいたくらいですね。

そうでなければ、「見た目はいまひとつでも、味はよい」ではありませんが、長く付き合った人からは、「スルメ」風の人間に見えていたのだと思います。

干物《ひもの》にしたスルメイカなんていうのは、一見、別にそれほどおいしそうにも見えませんし、値段もあまり高くない食べ物ですが、嚙《か》んでいるうちにだんだん味が出てくるところがあります。

私に対しても、「長く付き合っていくうちに人となりが分かってくると、だんだん味が出てくるんだけど、最初はそれが分からない」と言う人もいたので、そういうものの延長上にあるのかなと思ったりはします。

大学時代、教授の授業に意見した〝生意気《なまいき》エピソード〟

大川隆法　ちなみに、大学時代にはこんなことがありました。

ある教授に、「学者になることも考えているんですけれども」という話をしたら、「君の書いた答案をもう一回読み直してみたのだが、僕《ぼく》が授業で言ったことをまったく無視しているよね。あるいは、批判しているとしか思えない部分もあるけれども、これで学者になれると思っているのか」というような感じで言われたのです。

「先生、それはおっしゃるとおりなんですが、先生はまだご自分の本にしていないことで授業をやって、毎回、延々とノートを読み上げているだけですよね。それをできるだけ正確に書き写して、『先生がこう言った』ということをまとめて答案に書けたら優秀だというのは、あまりにもバカバカしくありませんか。それを早く本にして出してくだされば、それを読んだら一日で終わりですから。

覚える能力だけで試験をされるようなものは、私としてはちょっと面白《おもしろ》くありません。やはり、自分なりの意見を何か言わないといけないだろうと思うんです。

ほかの学生は答案に同じことをいっぱい書いているでしょうから、先生としても同じ答案ばかりをずっと読んで退屈《たいくつ》されているでしょう。それで、ちょっとは違うことを申し上げないと気の毒かなと思って、少し違う角度から意見を述べてみただけなので、そんなに悪意はないんですけどね」

そんなことを言ったのですが、教授は、「うーん……。君、そうは言っても、いちおう……」という感じでした。

要するに、生意気《なまいき》なわけですね。客観的には生意気であり、「そういうものは、いちおう、みなに認められて資格を取った上で、独自の流派ができたときに言え」ということなのでしょう。それまでの間は、丁稚奉公《でっちぼうこう》のような感じで勤めなければいけないわけです。

2　「八十点主義」でチャレンジしていく

「処世術」がうまくなかった学生・会社員時代

大川隆法　だいたい、大学に残る場合でも、「はい。先生のおっしゃるとおり、一《いち》言一句《ごんいっく》違《たが》わず、そのとおりにやります」というような姿勢が必要で、それでも助手時代に〝雑巾《ぞうきん》がけ〟が足りない人は、やはり、他の大学に放り出されていくことがあります。

一方、上手にご機嫌《きげん》を取っていった人は准《じゅん》教授になれるわけですが、そのあとはあまり活躍《かつやく》しないんですよ。最初の論文だけを本にするところまではしますが、いったん資格を取ったら、あとはじっとおとなしくしていて、教授が引退するのをただただ待つのです。教授が引退して自分が教授に上がったら、やっと自分の意見を言い始めます。そういうことをできる人が、だいたい大学に残れるわけです。しかし、早いうちに才能を出しすぎて、言いすぎたような人は、けっこう嫌《きら》われたり外されたりします。

例えば、社会学者の清水幾太郎《しみずいくたろう》先生もそうでした。東大の研究室に残ったのですが、教授よりもドイツ語やフランス語が読めるというのは生意気《なまいき》すぎるし、学生時代から原書の書評が書けたというのも〝トゥーマッチ（あまりにも）生意気〟でしょう。結果的には、学習院大学のほうに出されてしまって、ややできない人のほうが東大に残った状況《じょうきょう》です。

このあたりは、なかなか難しいところがあるのだなと思います。要するに、「勉強ができるかどうか」と「処世術」との両方がうまく合わないと、年齢《ねんれい》相応の出世はなかなか難しいわけです。

そういう意味では、私は、どちらかといえば、処世術はうまくはなかったんです。ですから、他の人が私のことを見て、「学徳《がくとく》と宗教的人格を両立している」と思うというのは、やはり、それだけ年数がたって、経験を積んだから、そのように見えているだけなのではないかとは思うんですけどね。

私は、若い人に対して、完成したものを求める気持ちはそれほどないんです。でこぼこがあって構わないのではないでしょうか。「マイナスの部分」は、「いずれ、プラスの部分に釣《つ》り合うように変わってくるもの」なのではないかと思っています。

ただ、処世術のところは、実際に学問として教わるものではないので、そう簡単に身につくものではありません。これは、人間としての感度、センサーや調整能力の問題なので、このあたりは難しかったですね。

特に、私の場合は、父親が、若いころに長い間、反体制の活動家をしていたので(笑)。そのことばかり自慢《じまん》するので、遺伝子的、文化的に、そういうものが多少なりとも入っていて、反発心はわりに強いほうでした。ですから、ついつい口が抑《おさ》えられなくて、おかしいと思うものにはズバッと言ってしまう癖《くせ》があったのです。

しかも、その癖は、小学校ぐらいのころから、すでに出てきてはいて、先生やほかの人が言っていることのなかに、ちょっとおかしいと思うところがあると、ズバッと〝刺《さ》す〟ようなところがありました。

ただ、周りや母親の評価は、どちらかというと悪くはなく、普通《ふつう》で言えば憎《にく》まれ口に当たるようなことを言っても、周りにそれほど嫌われなかったのです。今で言えば漫才《まんざい》のようなもので、ボケとツッコミのツッコミに当たるものだったのかもしれません。まあ、「刺されて快感を感じる」というようなところでしょうか（笑）。ちょっとおかしいんですけれども、「あいつは、そういうふうに言うだろうな」という感じで受け入れられて、済んでいたところはありました。

ただ、大学時代までは、それで終わっていたところもあったのですが、社会に出てからは、ちょっと許されなくなってきたのです。

やはり、「社会の作法《さほう》」というものがあるんですよね。それで、私を一般《いっぱん》的な会社員のようにするために、餅《もち》を伸《の》ばすようにローラーにかけられましたけれども、今にして思えば、かなり大勢の人に迷惑《めいわく》をかけたのではないでしょうか。「ずいぶんと手のかかるやつだな」という感じですかね。

おそらく、池で釣った大きな黒鯉《くろごい》をさばいてやろうと思っているのに、跳《は》ねて跳ねてして、まな板の上でじっとしていてくれないので、「ちょっとはおとなしくしてくれよ」という感じだったのではないかと思うのです。

「八十点主義」人間と、「完璧《かんぺき》主義」人間を比較《ひかく》すると

大川隆法　ただ、前にも話したことがありますが、私には、少しだけ〝かわいげ〟があったようです。

質問者E　〝かわいげ〟ですか。

大川隆法　かわいげのある部分があったから、会社の人たちも、多少は我慢できたのかもしれません。

それと、「すべての面で自分を完璧《かんぺき》に見せたい」という気持ちは、あまり持ってはいませんでした。ですから、先輩《せんぱい》や同僚《どうりょう》からも、「こいつのここは、明らかに欠点だよな」と見られているのだろうなと思うようなこともありましたけれども、別に欠点と見られることがあっても平気だったところがあったのです。

私自身、「いやあ、そんなものですよ。私なんかもともと完成していませんので、抜《ぬ》けているところなんてたくさんあります。それはおっしゃるとおりだと思っていますよ」というようなところはありました。

そういう意味で、いい格好《かっこう》をして完璧主義に見せようとはしなかったですね。むしろ、私の父親や兄のほうが完璧主義で、いつも、「自分に一点の間違いもあってはならん」というようなことを言っていました。

私のほうは、どちらかといえば八十点主義で、「八割ぐらいできていれば、まあ、いいや」という感じのところがあり、意外にアバウトだったのです。

私から見たら、それほど完全に物事を詰《つ》めることができていないように見える人のほうが、完璧主義者なんですよ。

そして、完璧主義者であるから、準備が十分にできて、その時が来るまではしない、物事に取りかからないというようなところがあるわけです。

要するに、失敗したり、人から悪口を言われたりするような危険があると、完璧主義者を名乗って、何もしない、着手しない、あるいは、やり続けようとしないという癖がありました。失敗が分かる前にドロップアウトしてしまうようなところとか、あらかじめ諦《あきら》めてしまうようなところがあったんですね。

一方、私のほうは八十点主義で、「八十点もあれば何とか格好がつくさ」という感じがあったので、その意味では、完璧主義のプライドではなくて、「勝機がある」と見たら、けっこうチャレンジするという感じでしょうか。

ですから、失敗しても、「もともと、それほど完璧ではないのだから、しかたがないかな」と思えました。

意外に、完璧主義者が不完全な生き方をしていて、八十点主義ぐらいでやっている人のほうが、あとになればなるほど、だんだん成功していくようなところがあるんですよね。

それはどうしてかというと、「八十点でもいいから、実際にアタックして物事をやっていこう」と、いろいろなことを繰《く》り返ししているうちに、だんだんだんだん打率が上がっていくようなところがあるからです。

すでに知っていることについては簡単にやれるようになるけれども、初めてのことは何でも、非常に怖《こわ》いではないですか。その初めての怖いところをたくさん残したままにしておくと、やはり、駄目《だめ》なんですよね。

それでもやってのけると、次はもう少し楽になってくるような感じがあるんです。私自身は、そんな感じだったように思います。

ですから、プライドについては、高いところは高いけれども、高くないところは高くないというように、両方が混在していた感じなので、宗教的人格があったかのように言われても、自分では分かりません。

そちらから教えてもらわないと分からないですね。

「自分も平凡《へいぼん》な大衆の一員である」という自覚を持っているか

質問者E　今のお話を伺《うかが》い、「総裁先生は、小さいころから非常に正直に生き、正しいと思うことを貫《つらぬ》いてこられた」ということを学ばせていただきました。

大川隆法　ああ、それはそうですね。変わらないですね（笑）。

質問者E　それから、「『いろいろな方から学ぶ』という思いを持たれていた」ということも学ばせていただきました。

大川隆法　それはそうです。

その一つには、ある意味で、「平凡《へいぼん》な大衆の一員である」ことの自覚はあったんだと思うんですよ。「平凡な大衆の一員である」という自覚があると同時に、「別のところで部分的に優《すぐ》れた面もある」という感じでしょうか。そういう意味では、「完成していない自分」というものを持っていたわけです。

ただ、「平凡な大衆の一員である」という気持ちを持てないタイプの人もいるらしいんですよね。

例えば、東大の有名な丸山眞男《まるやままさお》先生なんかもそうでしょう。

これは、「丸山先生の教え子だった」という先生から、在学中に私が聞いた話ではあるのですが、丸山先生は、エリート論や大衆論を説かれる際、「大衆」や「エリート」という言葉を使っていたそうです。

東大の本郷《ほんごう》キャンパスの二十五番教室という大きな教室で話をされたときに、「一般大衆は」「われわれエリートは」という感じで分けていたというんですよ。要するに、「大衆ではない。われわれエリートは別なんだ」ということです。

そのように分けて言う人が、左翼《さよく》のようなふりをしてやっていたわけですけれども、多少、違う感じはあるんですよね。

ですから、実は、大衆に共感しているのではないんですよ。エリーティズム（エリート主義）なんです。実は、「自分たちはエリートだから、哀《あわ》れな大衆たちに救いの手を差し伸べねばならん」という立場で言っているわけなんですよね。

つまり、自分たちを大衆とは思っていないということです。言葉としては「民主主義」などと言っていても、心のなかでは「一般民衆と自分たちは明らかに違う」と思っているので、そういうところに違いがあるのかなという感じはありましたね。

「早めに人生の勝負を終わらせたい」と考えがちな東大生

質問者Ｅ　総裁先生は、失敗を恐《おそ》れず、新しいことや正しいと思うことにチャレンジしていくという生き方をされていると思うのですが、このチャレンジ精神は先天性のものなのか、それとも、後天的に身につけられるものでしょうか。

大川隆法　うーん！　いや、分からないですね。よく分からないけれども、一つ言えることは、東京大学には一学年に三千人ぐらいいるんですが、起業家タイプの人が圧倒的《あっとう》に少ないということです。

数えるほどしかいなくて、以前に私が述べた、「東大卒の起業家は三人しかいない」という言葉が引用されるほどです。「リクルートの江副浩正《えぞえひろまさ》さんと、ホリエモン（堀江貴文《ほりえたかふみ》）と、大川隆法の三人しかいない」という、私が言ったようなことが引用されたりするぐらいなのです（笑）。

東大に入学するような人はみんな、そんなことをするよりは、やはり、「寄らば大樹の陰《たいじゅかげ》」なんですよ。すぐに尊敬されて、ある程度の位置づけがあって、将来が約束されて、エスカレーター的に上がれるというのが賢《かしこ》い生き方だという考え方を持っているわけです。

「涼《すず》しく、安全に一生を過ごせるようなところに入るために、人よりも頑張《がんば》ってやってきたのではないか」といった「寄らば大樹の陰」的な考えが主流であり、そ

郵便はがき

料金受取人払郵便

赤坂局承認

7320

差出有効期間
2025年10月
31日まで
(切手不要)

1 0 7 - 8 7 9 0

112

東京都港区赤坂2丁目10-8
幸福の科学出版(株)
読者アンケート係 行

ご購読ありがとうございました。
お手数ですが、今回ご購読いただいた書籍名をご記入ください。

書籍名		

フリガナ お名前	男・女	歳
ご住所 〒 都道府県		
お電話( ) −		
e-mail アドレス		
新刊案内等をお送りしてもよろしいですか? [はい(DM・メール)・ いいえ]		
ご職業	①会社員 ②経営者・役員 ③自営業 ④公務員 ⑤教員・研究者 ⑥主婦 ⑦学生 ⑧パート・アルバイト ⑨定年退職 ⑩他( )	

プレゼント＆読者アンケート

皆様のご感想をお待ちしております。本ハガキ、もしくは、右記の二次元コードよりお答えいただいた方に、抽選で幸福の科学出版の書籍・雑誌をプレゼント致します。

（発表は発送をもってかえさせていただきます。）

1 本書をどのようにお知りになりましたか？

2 本書をお読みになったご感想を、ご自由にお書きください。

3 今後読みたいテーマなどがありましたら、お書きください。

ご感想を匿名にて広告等に掲載させていただくことがございます。

ご記入いただきました個人情報については、同意なく他の目的で使用することはございません。


ご協力ありがとうございました！

れが賢い者の考え方とされていて、「リスクがあるようなことをするしかないのは、学歴もなく、一発当てないかぎり何も拓《ひら》けないような人だ」と考えているわけですね。

たまに、一発当てて成功したら、尊敬されることもあるけれども、普通はそんなことはしません。できるだけリスクを減らして、ミニマイズして、成功の過程を固めていきたい、早いうちに成功するコースを固めたいという考えがすごく強く出るんですね。

そして、その考え方はどこから出るかというと、基本的には、「早めに勝負を終わらせたい」という気持ちからなのではないかと思います。「早いうちに人生の勝負を決めたい」ということでしょう。

また、受験などについても、いわゆる〝お受験〟あたりから始まっています。幼《よう》稚園《ちえん》受験、小学校受験、中学受験、高校受験、大学受験とありますが、あとになるほど難しくなるというのは、みんなも、見て分かっているわけです。

やはり、マーケットが大きくなっていきますからね。大学受験になると、何十万人もの人が受けますが、まだお受験のレベルであれば、例えば、東京の御三家《ごさんけ》といわれるような小学校で、倍率が三十倍などと言われても、受ける人が一部であることは確実です。受験する資格のある人が、それほどたくさんはいませんし、お受験する予定のあるような人が行くところに通える人も、ごく一部の恵《めぐ》まれた階層にしかいないので、早めに勝負をかけていくということでしょう。それから、中学受験でもそうですよね。

塾《じゅく》業者の悪いところは、「御三家のようなところに受かれば、あとは自動的に、ほとんど確率戦で受かる」というような言い方をするところです。

でも、やはり、本当は、個人個人の問題であるんですよね。そうは言っても、サボッた人は受からないし、頑張った人はちゃんと受かるようになっているので、どの程度サボる人が出て、どの程度サボらずに持ちこたえる人がいるかの率が、トータルで出ているだけのことではあるんです。

ただ、「早く勝負を固めたい」という親のほうの焦《あせ》りもあるし、親に一定のステータスやお金などがあるがゆえに、そういうこともあるのでしょう。まあ、そんな考えがあるわけです。

3　「学閥《がくばつ》」や「粉飾《ふんしょく》」に頼《たよ》らず実力で勝負する

「名門小学校受験の勧《すす》め」に反論した理由

大川隆法　私の子供の一人も、小学校に上がる前の、五歳《さい》ぐらいのときだったでしょうかね。お受験幼稚園《ようちえん》のようなところに、塾《じゅく》みたいな感じでちょっと通っていたことがありました。半年ぐらいですかね。そうしたら、そこの園長先生が、「この子はすごく知能が高い」と言ってきたのです。

ちなみに、小学校受験における東京の御三家《ごさんけ》というのは、慶應《けいおう》の幼稚舎と、青学《あおがく》の初等部と、学習院の初等科です。これが御三家といわれているのですが、その園長先生からは、「少なくとも、この子が試験で落ちるということは考えられない。どこでも受かるはずだから、早めに受けておいたほうがいい」と言われたのです。

それで、私のほうは、「いや、中学受験をする予定のあるような子がよく通う、地元の公立小学校に入れるつもりでいるので」と言ったところ、「そんなのはもったいない。そういう公立小学校へ行くのは、小学校受験に落ちたような人たちで、そういう人たちが、中学に進学するときに再受験するんです。ですから、そこに行くと決めるのは小学校受験に落ちてからでいいのであって、『最初からそちらに行く』と言って通わせるなどというのはもったいない。絶対に入《はい》れるから、慶應を受けさせなさい」というように、その園長先生に一生懸命《いっしょうけんめい》に〝折伏《しゃくぶく》〟されました。

すると、今度は親のほうが頑強《がんきょう》になってしまい、「いや、でも、最初から学校を決めてしまったら、そのあとの可能性がなくなるではないですか」と反論していたわけです。

私のほうは、「あとで、ゆっくり決めればいいのに」と思っていたのですが、その園長先生からはずいぶん言われたのを覚えています。

それに似たようなことは、秘書などからも言われました。

今は幸福の科学出版の社長（当時）をしている人ですが、「先生、これを見てください。慶應は、小学校受験のときには、偏差値《へんさち》は六十なんです。これが、中学受験になると、偏差値が六十六、七ぐらいになっているでしょう。そして、高校受験になったら七十台になり、大学受験になったら八十になっていますよ。あとになるほどすごいことになるので、偏差値六十で入《はい》れるほうが早いですよ。これだったら、だいたい五人に一人ぐらいのところに入っていれば合格するのですから、可能性は高いです」と、一生懸命に説明してくれたのです。

ただ、そうは言っても、私自身は、「子供が慶應大学に行きたくなったら、大学受験のときに受ければよいのではないか」と考えていました。実際、大学受験では慶應大学も受かりました。

粉飾《ふんしょく》していないように幻術《げんじゅつ》をかけ続けるのが〝学閥《がくばつ》の使命〟

大川隆法　私自身は、「行きたくなったら、そのときに受ければいいわけであって、そんなに早くから進路を決めて、あまり小さいころから入れたら、学力が落ちてしまうのではないか」と思ってしまうほうなんですよね。

確かに、女子の場合は、たいてい、それで大学まで行けるとは思います。男子の場合は、ときどき外れることがあるのですが、女子は、瑕《きず》がつかずに、そのままスッと上がれるということが、むしろ、お嬢様《じょうさま》としてよいことだと言われるわけです。東京あたりの人の見方としては、「競争せずに、いいところにスッと上がれるほうがよい」ということでしょう。

ただ、私なんかは、「小学校から行ったら、同じ慶應卒といっても、中身のほうは危ないのではないか」と思ってしまうんですよね。

大学受験で、東大などと併願《へいがん》して慶應や早稲田《わせだ》を受けて入るような人たちの学力と、小学校受験で、挨拶《あいさつ》をしたり、ハンカチをたたんだり、砂場遊びをしたりして慶應に入るような人たちの学力とでは、だいぶ差があるのではないかと思うわけです。「大丈夫《だいじょうぶ》ですか。実質上の学力のほうが危ないのではないですか。『慶應卒』といっても、粉飾《ふんしょく》になるのではないですか」と思って、実質を心配しているんです。

社会では現実にあることなのですが、「粉飾したものを、粉飾していないように見せる」という幻術《げんじゅつ》をかけ続けるのが、〝学閥《がくばつ》の使命〟であるわけですね。「長い間、純粋培養《じゅんすいばいよう》されてきた人が偉《えら》い」という哲学《てつがく》を一本立てているので、「長くやれる人が偉いのだ」という感じで通して、先輩《せんぱい》が後輩を引いてくれるようなことで、うまくいけるようになっているのです。

ですから、例えば、大きなホテルの経営者などで、慶應を卒業しているような人たちは、自分の子供にお受験をさせて、慶應の小学校に入れた段階で、「ああ、もう、後継者《こうけいしゃ》ができた」と大喜びするわけですよね。

年齢《ねんれい》相応に進路を考えると、「できること」がある

大川隆法　いろいろ述べましたが、私自身はずいぶん試行錯誤《しこうさくご》をしましたけれども、どちらかというと、やはり、「実力あってのものだ」という考えがあったのだろう

と思います。

質問者E　もちろん、幼稚舎から慶應に行く人も、それはそれで……。

大川隆法　一部にはいますけどね。それでご立派な方もいらっしゃいます。

質問者E　はい。ただ、最初からレールを決めないほうが可能性が広がる人もいますね。

大川隆法　年齢《ねんれい》相応で考えて、できることもありますからね。

ですから、ある意味で、ずいぶんきつかったでしょうね。「都会に住んでいて、お金もあるのに、どうしてお受験をしないの？」という感じでしょうか。

お受験対策もしているような幼稚園へ通わせているにもかかわらず、毎月行われている模試に関しても、「受けてもいいけれども、受験はしませんから」と言い続けていましたからね。私のところだけが、「模試は受けるけれども、受験はしませんから」と言い続けていて、幼稚園側も、「いや、偏差値六十以上がずっと出ていますから、これはどこでも受かりますよ」と言い続けているような状態でした。受験して受かると、幼稚園の実績になりますからね。それで受けてほしいのに、「いや、受けない。受けない。受けない」と言っていて。お金を払《はら》って、そういう幼稚園に行かせているのに、「受けない」などと言っていたような、へんてこな家だったので。

まあ、私自身が、勉強をしっかりと始めたのが、もう少し遅《おそ》かったからかもしれません。そのころは、まだ遊んでいたのでね（笑）。

〝御三家《ごさんけ》のお受験〟の本質をどう見るか

大川隆法　その子供が「お受験の御三家《ごさんけ》はどこでも受かる」と言われたのと同じこ

ろの私は、川島《かわしま》幼稚園で、竹を削《けず》ってつくった刀のようなものでチューリップの首を切りまくって怒《おこ》られていたので、「こんなかわいそうなことをやらせたくない」という気持ちはあったんですけれどもね。

長男も、短かったけれども、S会という塾のようなところに少しだけ行ったことがありました。そうしたところでは、「指示行動」、つまり、「命令したことがキチッとできるか」といった感じで、訓練の部分を見ますよね。例えば、「球《たま》を転がして、走っていって反対側で受け取る」という場合、「走っていって球を受け取るまでにかかる時間と、どのくらいの速度で転がすかを考えてやれるかどうか」を見るわけです。これは「訓練」でしょう。

ところが、長男は、球をできるだけ速く転がして、「わあ、やった、やった！」と喜んでいました。客観的に見たら、「この子はバカか」と思うかもしれませんが、本人にとっては、「球をゆっくり転がす」なんて意味不明なわけですよね。球を転がすなら、できるだけ速く、カッコよく転がすのがいいことなんでしょう。しかし、それでは当然、取りに行くのが間に合わなくて、「この動きがいつまでたってもできない」といった感じでした。

そして、こうした訓練ができなかったことが、小学校に入ってから響《ひび》いてきたんです。先生の言うことをきかず、一年生、二年生、三年生あたりでずいぶん苦労しました。ある意味では放任もしましたが、やはり、このあたりが「躾《しつけ》の始まり」なんでしょう。早いうちに見るのは、躾のところであって、「どういうふうによく躾《しつ》けて我慢《がまん》させているか」ということなんでしょうね。

そういう意味での躾ができている子は、人生の作法《さほう》としてはうまくいくのかもしれません。「実力がなくても、躾を上手にして、うまく見せられたら、社会のなかで浮《う》かずに生きていける」という面はあったのかもしれないとは思います。

「粉飾《ふんしょく》」は、いつまでも利《き》きはしない

質問者E　総裁先生は、努力をし、自分の実力で勝負することの大切さを説かれて

いますが、それについてお教えいただければと思います。

大川隆法　実際、大人になってからは、実力がなければ粉飾《ふんしょく》はいつまでも利《き》かないですからね。粉飾を通そうとしたら、実力を要求しないところに、なるべくうまく入ってしまうしかないでしょう。

確かに、私たちのような考え方は、一部からは、損に見えるのだろうと思います。そういう面もあるかもしれませんね。

でも、同じ考え方は、おそらく、大学の勉強の仕方などにもあるのだろうと思うんです。「成績を上げて、よいところに就職する」というだけなら、それなりの道もあるでしょうけれども、私には、自分として納得《なっとく》のいく勉強の仕方があって、学部の違《ちが》いにこだわらずにやっていた部分もずいぶんありました。成績を上げるという点だけで見ると、それは損な考え方だろうと思います。

ただ、学生時代に完結しないことは自分でも分かっていたので、社会に出てからも問題意識を持ってやり続けていたし、今もまだやっている状態なんですけれどもね。

でも、次第《しだい》しだいに、ものになっていく領域が増えてはくるんですよ。少しずつ少しずつ増えてきます。このへんが、「多くの人たちを対象にできる」といった「仕事の幅《はば》」になっていくんですよね。

そういう意味で、私には、「学問と宗教は離《はな》れているものだ」という感じがそんなになかったのですが、世間《せけん》を見るかぎりは、ちょっと離れているのかなと感じます。

4 「本当の頭のよさ」とは何なのか

「因果《いんが》の法則」を教えるために必要な「頭の訓練」

質問者E　学問と宗教の問題で言うと、進学校の実力主義が行きすぎると、「他人《たにん》を蹴落《けお》としてでも出世していく」カルチャーとなり、心の問題が出てきたりします。一方、エスカレーター校でもミッション系の学校に行くと宗教的人格になったりするというよいところもあります。いろいろな面があって、そのあたりも難しいかもしれません。

大川隆法　確かに難しいですね。映画「紙の月」などには、「他人《ひと》のために生きなさい」と教わったミッション系の女子高生が、銀行員になってから、他人のためになると思って銀行のお金をごまかして手に入れ、相手が望むことをしてあげるといった場面が描《えが》かれていました。

しかし、それは、「因果関係《いんが》が分かっていない」ということですよ。原因・結果の因果関係が分かっていないという問題であって、ある意味では、キリスト教の弱点だとは思います。

「因果の法則」をキチッと教えるのに、もう少し頭を訓練しておかなければいけない面があるのかなとは思うんですよ。

要するに、ほわっと育て上げられて、緩《ゆる》い勉強しかしていなかったり、お嬢《じょう》さん同士で、「御母様《おたあさま》、御父様《おもうさま》」とかいう会話をしながら、〝竜宮城《りゅうぐうじょう》のまま〟で上がっていったりする感じだと、世間《せけん》のいろいろなことについて判断できない人間もつくってしまいます。それが、かえって初々《ういうい》しくて、値打ちがあるように見えるところもあるかもしれませんけれどもね。

あるいは、皇室のように、むしろ、〝何もできない〟ほうがよく、周りが言うとおりのことを、「はい」と言ってやっていればよいところもあります。自分の「頭」があると、下手《へた》に判断して、雅子《まさこ》さま風に苦しむことになるのかもしれないですね。

確かに、どちらを選ぶかという問題はあるでしょう。

親が、人生の作法《さほう》として、〝うまく切り抜《ぬ》ける法〟をよく知っている人であれば、そのあたりは教えてくれるのかもしれません。

私たちも長くやっているから、そのあたりについて多少は分かる面が出てきてはいるのかなとは思います。上の子ほど、親の試行錯誤《しこうさくご》をよく見ていて、下の子ほど見るのは少なくなってきてはいるかもしれませんね。

大学の先生たちが実社会に出たら、エポケー（判断中止）ばかりに

質問者E　「いい大学に行けば、人生が保証される」「成績のいい人が神様」という考え方もありますが、この点についてはいかがでしょうか。

大川隆法　それは、明治以降の官僚《かんりょう》制と、大学との関係でつくられてきた〝システム〟ではあるかと思います。

ちなみに、私が「東大に入ってよかった」と思うのは、「天才はいない」ということを発見したことですね。「東大には、ものすごくできる人がいるのかなと思っていたけれども、実は、天才なんていうのは存在しない」、「やっぱり、みんなできないんだな」というのがよく分かりました（笑）。

ただ、外に出たら、できるように見せなければいけないわけで、そういうところは長《た》けていますね。役所などは、もちろんそうでしょう。一部、〝身分制社会〟をつくっていますからね。そうしたところもあるとは思うんですよ。

ただ、私は、「人間の頭には、そんなに差はない」ということが、かえってよく分かりました。それは、つまり、「長く努力した者が、ある程度の成果をあげられる」ということだと思うんです。

昔は、そう長く努力しないでいいように、ルートがあったんですが、バブル崩壊《ほうかい》以降はそれが崩《くず》れてしまって、そこから抜け出せないでいる状態なのではないでしょうか。

質問者E　プライドが高く、「優等生だった」という意識があると、社会に出たあと、自分の失敗を受け止められず、他人《ひと》のせいや環境《かんきょう》のせいにする人もいると思います。そういう人が宗教的人格を磨《みが》くためには、どうすればよいでしょうか。

大川隆法　おそらく、「必ず他人より上に立っていなければ安心できない」というか、人格が安定しないタイプの人の場合、基本的に、人を愛することはできないのではないでしょうか。

こうした人は、自己愛が、巨木《きょぼく》のように根を張っていて、周りからいっぱい〝吸って〟いきます。だから、投資しても成長するものがほとんどありません。唯一《ゆいいつ》、教育のところは、まだ投資効果があるかなと思われるんですけどね。

ともかく、他人からの愛を吸い続けるんですよ。若いころに脚光《きゃっこう》を浴びると、社会人になってからも、そうありたいのでしょう。

しかし、他人よりもちょっと早く抜きん出たいと思っても、基礎力《きそりょく》が足りなければ、失敗をしてしまい、多くの人に迷惑《めいわく》をかけるといったことがあるわけですよ。

あるいは、教育で教えられないものもありますね。もちろん、それぞれの教育を受けたら、それに適した職業もあるので、その場合はいいのですが、実際、大学で教えている先生がたが、実社会についてそれほど知らないこともあるんですよ。「学生のころから、ずっと同じところに何十年もいる」という人も多いですからね。

例えば、大学で論文指導などをしてもらっても、さらに大学院へ行って何年も指導されたら、その人の書く本はまったく売れない本になるでしょう。それだけは明確に分かります。

彼らにとっての「頭のよさ」というのは、「スッと読んでも分からないようなものが書ける」とか、「他人から批判を受けないようなものが書ける」とかいうことなのだと思います。

ただ、いろいろなところに配慮《はいりょ》して、「あれも知っているぞ。これも知っているぞ」というように、一生懸命《いっしょうけんめい》、注釈《ちゅうしゃく》を付けて、「これだけ勉強したんだ」と披露《ひろう》して、自慢《じまん》するためだけに書いているものは、基本的に、世の中から、それほど大きな支持は受けないでしょう。

特に、権威《けんい》のある大学ほど、自分の立場を護《まも》るというか、そういう傾向《けいこう》が強いですね。

実社会に出た場合、そういう人は、何を言っているんだか、何が言いたいんだか、何がしたいんだか、さっぱり分かりません。エポケー（判断中止）ばかりして、「ああでもあるけど、こうでもある」みたいなことを言っている感じになります。「とにかく切り抜けて、時間を待ち、〝長生き〟すれば昇進《しょうしん》していく」という感じなんでしょうね。

渡部昇一《わたなべしょういち》著『続・知的生活の方法』の大事なところ

大川隆法　これに関して、私が勉強になったのは、学生時代に読んでいた、渡部昇《わたなべしょう》一《いち》先生の『続・知的生活の方法』でした。そのなかの、デイヴィッド・ヒュームの例を引いた部分を読んでいたのが大きかったのです。

ヒュームが最初に書いた本は、よく調べて書いたものだったのに、「自分の本は、印刷機から死んで生まれ落ちた」というほどまったく売れなくて、すごく落胆《らくたん》したらしいんですね。

そこで、売れなかった理由を研究した結果、ヒュームは、「これは、マター（内容）の問題ではなくて、マナー（様式）の問題だ」と気づきます。要するに、「本に書いてある内容の問題ではなくて、文体、文章におけるマナーの問題だ。読み手が面白《おもしろ》いと感じない文章、分かりやすいと感じない文章、あるいは、書き手の気持ちが伝わらない文章が問題なのだ」ということです。

そこで、彼は、当時人気があった「スペクテーター」という雑誌のコラムなどを手本として、一生懸命、洗練された文章、人気が出て売れる文章を書く練習をしました。すると、その後、同じようなマターを違《ちが》うマナーで書いたら、ものすごく売れるようになったのだそうです。

このように、「作家はみな、『学者のようなものを書いていたのでは食べていけない』と知っている」といったことを私が読んでいたおかげで、当会の出版社も、ベストセラーをずっと出せることになりました。

私も、「これだけ勉強している」という衒《てら》いのために書くとか、あるいは、攻撃《こうげき》を受けないためだけに書くとか、護りのためだけに書くとかいうようなことはありません。「他人《ひと》様のお役に立てればいいな」という気持ちで、なるべく分かりやすく伝えることを重点にやってきました。私の出す本がベストセラーになっているのは、そこに理由があると思うんですよ。

逆に、東大出版会のようなところは、社の方針として、「三千部以上売れる本に良書はない」、「三千部以上売れてはいけない」と言っているようです。

結局、それは、「学生が三学年ぐらいになったら在庫がなくなるぐらいの感じで経営している」というレベルだと思うんですけどね。

ともかく、私としては、そのあたりの考え方が一つ入ったのは大きかったかなと思っています。

ちなみに、私は、東大で篠原一《しのはらはじめ》先生という方に教わったんですが、この人の書いている本だって、十分に難しいんですよ。それでも、篠原先生は、授業で、「書いてあることが分からないような学者の本があるけれども、それは書いている人の頭が悪いんです」と言っていました。

さらに、「私は分かりやすく書いているものですから、古本屋に行くと、ほかの学者の本はみんな値段が下がっているのに、私の本は、定価よりも高い値段が付いているんです」と言って自慢をしていたのを覚えています。ちょっとマイナーな自慢ではあるし、「それより、ちゃんと本が売れたほうがいいのではないかな」とも感じるのですが、篠原先生は、そのように思っていたらしいんです。

私は、分かりやすい言葉で書いてはいるのですが、そのなかに衒いを入れず、いつも、「読む側は分かるかな」、「お役に立つかな」という視点を持っていることが大きいと思いますね。

要するに、学問をやっていても、学者的な立場と宗教家的な立場とでは違いがあるわけです。宗教家は、「下化衆生《げけしゅじょう》」、つまり「衆生救済」があるので、できるだけ多くの人に分かってもらわないと、実際は困るんですよ。一人だけ悟《さと》ったようなことを言ってもいけないんですね。

だから、同じ勉強ということを通しても、そのへんのところに違いはあったかと思いますね。

本当に頭のよい人は、簡単に分かりやすく説明できる

質問者E　やはり、「分かりやすく伝える」というのも、「与《あた》える愛」になると考え

てよいでしょうか。

大川隆法　それも愛でしょう。逆に言えば、難しいことを分かりにくく書いて自己満足している方の高い本を買って、読まされた人たちの悲劇というか……。それに伴《ともな》う「財産的悲劇」と「精神的苦痛」、「時間的ロス」というのは、かなりのものなんです。

私も昔は、そうした本を「何だか分からないなあ」と思いながら読んでいましたが、あとになって、「やっぱり、これは、ただのガラクタだったんだな」と思ったことがありました。読んでも時間の無駄《むだ》になるものはたくさんあるけれども、そういうものを値打ちがあるように言うのは……、まあ、趣味《しゅみ》の世界に入っているということでしょうかね。

以前、総裁補佐《ほさ》の（大川）紫央《しお》さんが、「刑法《けいほう》学者であった藤木英雄《ふじきひでお》先生の霊言《れいげん》は、聴《き》いていて、内容がスーッと分かりました。普通《ふつう》、刑法の本なんて読んでもなかなか分からないですが、藤木先生は霊言で、聴き手がスーッと分かるような言い方をしていました」、「本当に頭のいい人は、簡単に分かりやすく説明ができてしまうのでしょう。難しく言っている人は、自分が分かっていないのではないでしょうか」というようなことを言っていたんです。そういう感想を持ったようなんですね。

確かに、自分が理解していないことを活字にすれば、読んだほうも分からないのは当然ですよね。

5　現代社会の「性差問題」を宗教はどう見るか

女性の気持ちをつかめなくて苦労した実体験

大川隆法　「宗教者の条件」について、さらに迫《せま》ってみましょう。

質問者E　前回（第1章）出なかったテーマとして、「男女で求められる宗教的人格は違《ちが》うのか」というあたりについてお聞かせいただければと思います。

大川隆法　うーん……。なかなか難しい問題ですね。この「男性・女性の問題」は、社会が流動し、価値観が変動しているところではありますからね。

今は、「神が男性である」と言うだけでも怒《おこ》る人が出てきていて、「人類の父にして母である神」というように言わなければいけない時代になってきているから、難しいんですよ。

ちなみに、私は若いころ、申し訳ないけれども、どちらかというと、昔ながらの男尊女卑《だんそんじょひ》型の考え方をかなり持ってはいたんです。すごく古いほうの考えだったと思うんですね。

それで、社会に出てから、「お局様《つぼねさま》」といわれているような、長くいるベテランの女性あたりから、けっこう〝刺《さ》された〟ほうではありました。「小生意気《こなまいき》な、口の達者なこの男は、男尊女卑の考えを持っている」ということで、（刀を振りかぶり、振り下ろすしぐさをしながら）バシーッとやられたのです。そういう、目に見えぬ意地悪みたいなものは、けっこうありましたね。

例えば、私が商社マン時代に、交渉《こうしょう》する部門に回されたときのことですが、通常、お客さんが来て応接間に入ったら、女性社員がお茶を出してくれるわけです。

ところが、私より先輩《せんぱい》の人たちが応対しているときにはサッとお茶を出してくれるのですが、私のときには出してくれないんですよ。要するに、意地悪をしているんですが、向こうの弁を借りれば、「お茶を出すと話が長くなるから」と言うんですね。「出さない」ということは、「早く帰ってくれ」という意味でしょうから、私の客には「早く帰ってくれ」ということだったのかもしれません。

というのも、私は生意気にも、そういった折衝《せっしょう》をするような部門に早く配属されたわけです。ほかの人はみんな四十前後にはなっていたのですが、私だけは二十代の半《なか》ばだったんですね。また、相手もけっこうな年齢《ねんれい》の人が出てくるので、「若い者が折衝をやっている」というのは、周りからすれば、ずいぶん生意気な仕事をしているように見えたのでしょう。

それなのに、私は日ごろ、女性に対して十分に配慮《はいりょ》しなかったために、お茶を出してくれないというようなことがあったし、いろいろと作法《さほう》について注意されたりするようなこともありましたね。

そういう意味では、「女性というのは、なかなか大変なんだな。難しいんだな」

ということは分かりました。

あるいは、誰《だれ》にでも、一定の敬意を払《はら》わなかったら反作用が来ることはあるわけですが、私は、相手によって言葉遣《づか》いを変えるようなことができないところもあったんですね。それで、何かのときの私の言葉でムカッときた人に、あとで怒られたこともありました。

例えば、私の少し上ぐらいの年齢で、一橋《ひとつばし》大学を出ている女性がいたんですが、彼女は男性と同じようなキャリアの扱《あつか》いを受けていたんですよ。それが、腕《うで》まくりをしてやっている感じだったので、「おお、○○さん、凛々《りり》しいですね」などと一言《ひとこと》かけたら、何か〝棘《とげ》が刺さった〟ようなんです。

「女性に対して『凛々しい』というほめ方をした。許せん！」というような感じで（苦笑）、その後、えらく冷たくされました。何かについて訊《き》いても、「今、忙《いそが》しいから」ということで教えてくれないんですよ。

要は、「いやしくも女性に対して、『凛々しい』とは何事であるか」というようなことですよね。そのときは、「ああ、口が過ぎたかな」と思いました。私は、そのへんについて、何を言えばよいのかが分からなくて、ずいぶん苦労したんです。

ちなみに、宗教になると、今度は男性より女性のほうが数が多いんですね。だいたい、どこの宗教もそうなんですが、信者の六、七割は女性です。女性が主力になっているので、女性に人気がなかったら、宗教というのは、まず発展することはないし、活動してくれるのも女性が多いんですよ。やはり、女性は感性的なので、わりあい信仰《しんこう》を受け入れやすいのかもしれません。

男性のほうが疑う頭脳を持っているし、訓練もされているので、宗教に対して、「それは気をつけないといけないよ」と言うのは、だいたい男性です。また、男性は、信者になってもあまり行動しません。なかなか活動に参加しないのです。

一方、女性のほうは、スッと動いてくれます。もちろん、今は仕事をやっている人も多いので、昔ほどではないかもしれませんが、やはり、活動している人に、女性の比率が高いのは事実でしょう。

そうなると、「女性の気持ちをつかまなくてはいけない」ということですよね。それで、もともとは、先ほど言ったような感じだった私ですが、仕事をしているうちに、少しずつ分かってきたところはあったんです。

過去世《かこぜ》を調べていくうちに変わった「女性に対する考え方」

大川隆法　その後、霊言《れいげん》等を録《と》って過去世《かこぜ》などを調べているうちに、「多くの人が、過去世で男性だったときもあれば女性だったときもある」「みんな、いろいろな過去世を持っている」ということが分かってきたんですよ。

それで、「『今世《こんぜ》、たまたま男性に生まれたか女性に生まれたかで、決定的な差をつけられる』というのは、やや不公平なことなのかな」と自分でも思って、考え方を改めたところはあるんですね。

昔からの考えで言えば、「男性が経済的な主力になって、女性のほうは補助者でいい」ということになるし、最初のころの当会の教えもそうでした。

そのため、かなり年配の女性でしたが、「そこだけは、ついていけない。幸福の科学の本は読んでいるけれども、信者にはならない」と言い張っているコメンテーターの人もいました。「大川さんの教えはいいと思うし、正しいと思うけれども、『女性は補助者だ』と言って男性中心の社会を説いているので、そこだけは納得《なっとく》がいかない。そこを変えないかぎり信者にはならない」と言っていたんです。

ただ、私もその後、霊的なことをいろいろ勉強しているうちに、「過去世で殿様《とのさま》をやっていたけれども、今回は女性として生まれている」というケースがあったり、その反対もあったりするのを見て、「人生というのは、なかなか厳しいものだな」と感じたんですね。

そして、「今世、女性に生まれたからといって、現代に生まれて何十年か生きていく間に、何かをするチャンスがないとなったら、それは気の毒かな」と思ったんです。やはり、過去世で男性として優秀《ゆうしゅう》な実績をあげたような人に、「今世は女性に生まれたのだから、ただただ家にいて、じっとしていろ」と言うのは不公平でしょう。そう思って、自分でも考えを改めたんですね。

逆に言うと、「今回、男性に生まれた」というだけで威張《いば》っているのも、少しおかしいのではないかなと思います。

普通《ふつう》の企業《きぎょう》でも、仕事ができないのに「男だ」というだけで威張っていた人もけっこう多いようなんです。また、「男だ」というだけで、入社して一定の年齢になったら、管理職になれたこともあるんですね。

それなのに、女性の場合、かつては給料も上がらず、「五年ぐらいしたら、結婚《けっこん》して適当に辞《や》めてくれ」というような感じでした。

今は男女平等になったとはいえ、そのせいで今度は家庭環境《かんきょう》が難しくなったり、離婚《りこん》が増えたりしていますね。それで、「ワーキングプア」の問題も出てきています。要は、女性が子供を抱《かか》えて働くとなると、パートのようなものしかできないので、生活保護を受けないとやっていけないような社会ができてはいるわけです。

もちろん、これはこれとして問題であるとは言えるでしょう。あるいは、以前のようには女性が我慢《がまん》しなくなったことも事実だろうと思うんです。

ただ、能力や才能のある女性が、それを開花できないままになるのはどうかと思うんですね。「選択《せんたく》」はあってもいいけれども、「チャンスがまったくない」という社会は、やはり、よろしくないのではないでしょうか。

それで、九〇年代ぐらいに、私は考え方を変えたんですよ。そういうわけで、考え方は、初期のころと違ってはいると思うんですね。そうでないと、やはり、女性が不利ではないですか。

ところで、宗教の教祖は、数としては女性のほうが多いんですよ。特に、新興宗教とか新宗教とかいわれるものの場合、女性の教祖のほうが圧倒《あっとう》的に多いんですね。また、今は子供の数が減っていますし、天皇家などは、男性で跡《あと》を継《つ》ぐということになってはいますが、もともと、お坊《ぼう》さんなどは結婚しなかったですからね。そもそも跡継ぎなどというものはいないようなものですし、人気がなくなったら出家《しゅっけ》する人もいなくなるので、お寺は潰《つぶ》れてしまうでしょう。それで今、お坊さんは結婚してやっているわけです。

いずれにせよ、女性にチャンスがないというのは、いろいろなリサーチの結果、転生輪廻《てんしょうりんね》の考え方から見て不公平ではないかと思うんですよ。「過去世で、大きな実績をあげたような人が、今回、何のチャンスもない」というのは、やはり不公平ではないでしょうか。

そのようなことを考えるようになったので、そこは考え方が変わったわけです。

おそらく、初期の「女性は補助者なのだ」という教えについて、八〇年代に入会した人のなかには、我慢していた人もいたとは思うんです。

しかし、そのあと、私のほうの考え方が変わってきたこと自体は、少しずつ受け入れられているかと思います。

6 「女性の社会進出」と「夫婦《ふうふ》のあり方」を見る智慧《ちえ》

女性の社会進出で遅《おく》れた日本も、今、変わりつつある

大川隆法　ただ、確かに、男女には、体力面での違《ちが》いや、体の構造の違いがあるのは事実でしょう。男性は子供を産めませんが、女性には妊娠《にんしん》や出産などの大きな事業もあるので、同じにはなれないんですよ。

女性でも、公務員や資格を持っている人の場合は護《まも》られていることもあるのですが、それ以外では、現実問題としてなかなか厳しいところはありますよね。

質問者E　女性にとって、独身時代に行《おこな》っていた宗教修行《しゅぎょう》を結婚《けっこん》後も継続《けいぞく》するためのポイントがあれば、お教えいただければと思います。

大川隆法　いや、以前から言っていますが、時代が遅《おく》れているのかもしれないですね。まだ、女性が男性と同じ評価を受けるためには、実際、男性より優《すぐ》れていなければいけないんですよ。そういったハンディの部分がどうしてもあるので、気の毒だなと思うところはありますね。やはり、〝重い〟のは事実です。

　そのため、優秀《ゆうしゅう》な女性が結婚してからも仕事を続ける場合、子供をつくらないか、つくっても一人ぐらいで止《と》めておくことが多いですね。

　また、子供を育てながらキャリアとしてバリバリやっている場合、たいていは、お姉さん等のきょうだいや親など、いろいろとカバーしてくれる人がいるわけです。そうでなければ、なかなかできないと思いますね。

　例えば、アメリカの映画などを観《み》ると、「学校帰りの子供を、父親が迎《むか》えに行くか、母親が迎えに行くか」ということで、けっこう喧嘩《けんか》になったりするようなシーンもあります。もちろん、日本社会と違うとは思うのですが、もし、日本で父親が、「五時になったから娘《むすめ》を迎えに行かなくてはいけない」などと言えば、その人に出世する可能性はないでしょう。伝統的な日本文化では、おそらく、そうだっただろうと思います。

ただ、今は少しずつ変わってきているのかもしれません。

日本の組織で女性が認められるために大切なポイント

大川隆法　ともかく、日本では、まだ女性は大変だろうと思います。男性は出産できないので、どうしてもその苦労は分からないのですが、出産には生命《せいめい》の危機を抱《かか》えているところもありますからね。

そのせいか、女性は、体調の変化が精神状態の変化につながりやすいんですよ。だから、女性の上司が出てき始めたころ、男性の部下がみんな戦々恐々《せんせんきょうきょう》としていたことは事実です。男性の上司と違って、女性の上司というのは、「感情がブレるときに判断が変わることがある。その日の感情で判断が変わることがある」というわけです。

男性からすれば、「今日は機嫌《きげん》がいいんだろうか、悪いんだろうか」という感じでしょう。

例えば、前日に子供がテストで悪い点を取って帰ってきたりすると、翌日の機嫌が悪かったりするのですが、男性の部下には、それがなぜか分からないことがあるんです。

そのへんを恐《おそ》れている男性はけっこういたのですが、たいてい、誰《だれ》か気の弱い男性が〝カモ〟になって、いじめられるような感じになることが多かったのではないかと思います。

もちろん、世の中は、できるだけフェア（公平）になるように動こうとはしているとは思うんですね。

ただ、会社などは、やはり、採算もあって、利益を出さないと続かないところがあるわけですよ。それで、どこから削《けず》るかとなったら、どうしても、余分なところというか、フリンジ（付随するもの）の部分、周りにつくらなくてはいけない部分には、できるだけお金をかけたくないのが現実なんですよね。

その意味では、経営者にも、もう一段の力が要《い》るだろうと思うんです。

例えば、化粧品《けしょうひん》会社のような、「女性が主力」とはっきりしているようなところであれば、会社のなかに保育園をつくったりするようなことだってありえます。かえって効率がよくなるので、「そのほうがいい」と言えるでしょう。

しかし、違うところで同じような対応をしても、「女性だけが勤務時間中に、赤ちゃんにおっぱいをあげに行っているらしい」といったことを言われかねません。そうなると、「何だか不公平だな」という感じがあったりして、その兼《か》ね合いは非常に難しいですね。

やはり、今の日本の遅れ方から見れば、女性が男性とまったく同じように扱《あつか》われるためには、能力的には少し上ぐらいでなくてはいけないのでしょう。

また、マイナスの部分があったとしても、それに耐《た》えて、精神的にもう一段充実《じゅうじつ》させるというか、安定させるだけの、〝ブレない〟重心の部分をつくる努力もしないと無理なのではないかと思います。

例えば、「昨日《きのう》、彼に振《ふ》られたので」という理由だけでは許されない部分があるわけです。もちろん、男性にも、そういう女々《めめ》しい人はたくさんいるんですよ。しかし、そういう人は、だいたい、「周りからいじめられるか、出世しないか」というかたちで処理されてしまうんです。そのせいか、女性だけがそういう先入観で見られることは多いでしょうね。

ただ、時代は変わりつつあると思います。

人生と生活を充実《じゅうじつ》させるために必要な「智慧《ちえ》」とは

大川隆法　なお、私は、女性が一定の比率で社会に進出できるようになること自体は、よいことだと思っています。ただ、それが、ストレートに少子化につながったり、家庭問題がたくさん起きてくることにつながったりしていくだけであれば、そこには智慧《ちえ》が足りないのではないでしょうか。

やはり、「全体に、もう少しゆとりがある生活や仕事の組み方ができる」ということが大切だと思います。

そうでなければ、全体に、もう一段低いレベルというか、十年前、二十年前、三十年前ぐらいの生活レベルになるにしても、「そのなかで、充実《じゅうじつ》した人生を生き切る工夫《くふう》が要るのではないか」という気はするんですよ。

余計なものを削《そ》ぎ落として、「ささやかでも、実際上、生活に必要なものが手に入れば、それで十分満足だ」という生活レベルで生きていけるような「価値観の仕切り直し」も、少し要るのではないかと思うんですね。

今だったら、コンビニに行ったり、スーパーに行ったりすれば、物が何でもあって、男性が買っても女性が買っても、もうほぼ同じでしょう。ほとんど調理しなくても出来上がっているものもあるし、電子レンジで温めるだけだったら、どちらでもできるような状態になってきています。

そのへんについては難しい面があるにしても、私が子供のころは、「牛肉を毎日食べられる」などということはありえない時代でした。週に一回食べられればいいほうだったし、場合によっては、「月に一回、当たればいいほう」というような感じだったのです。

そのあと、オーストラリアあたりからの牛肉の輸入の自由化などが始まったりしましたが、当時はまだ日本の農家を護るために、一生懸命《いっしょうけんめい》、関税をかけて、そうした牛肉を入れないようにしていました。食の豊かさよりも、「農家を護る」という感じでやってはいましたね。

ですから、牛乳もそれほどふんだんに飲めるような感じでもなかったし、卵も「貴重品だ」という感じはあったんです。そんなこともあって、親のほうは、「（息子は）成長期に、いいものを食べていなかったから成長しなかったのかもしれない」というように、ずいぶん心配していました。

ただ、そういうものが、だんだんだんだん洋風化していって、変わってきたところはありますね。今は、メーカーも頑張《がんば》っているし、コンビニ業界や食品業界、流通業界も頑張っています。仕事としては、それほど男女の性差がきかないようにはされていっているので、おそらく、女性の活躍《かつやく》の土台としてはよくなっているでしょう。

「公平な社会における注意点」と「魂修行《たましいしゅぎょう》に伴《ともな》う神仕組《かみしく》み」

大川隆法　しかし、夫の側から見ると、ある意味では、〝奥《おく》さんのありがたみ〟がかなり落ちてきている可能性はあるわけです。そのため、ささやかなぶつかりや意見の相違《そうい》で決裂《けつれつ》してしまうこともけっこうあるんですね。

あるいは、「夫の収入だけに頼《たよ》らなくても生きていける」となれば、離婚《りこん》は簡単になって、昔では考えられないような〝定年離婚〟といったこともあるわけです。また、「その後の年金も分割《ぶんかつ》できるとなったら、もっと離婚が加速するようになる」とも言われていますよね。

もちろん、社会は実験に次ぐ実験を重ねてきているので、何とも言えないところもあるでしょう。しかし、私としては、基本的に、「人間の魂《たましい》は男女のどちらにでも生まれる可能性がある」ということは、はっきりと証明できた段階にあるんです。

そうなると、やはり、「あまりデコボコがありすぎる世の中はよくないのではないか」という感じはするので、そのへんは変えていきたいと思っています。

ただ、例えば、今回、女性に生まれて一定の経験をすることも、ある程度、織り込《こ》まれているのかなとは思うんですよ。かつては男性として、ずっと威張《いば》り散らしていた人だったら、「今回は一度、女性の経験をして、苦労してみたほうがいいのではないですか」という神の意志、神仕組《かみしく》みがあるかもしれませんからね。

そして、「女性で生まれて、家事や育児が下手《へた》で、出産もあって大変だった」という経験をすることで、次に男性として生まれたときに、女性に対して、いたわりの心や感謝の心が生まれてくることもあるのではないでしょうか。

そのあたりの永《なが》い神仕組みを考えた上で、自分の置かれた範囲《はんい》内で、できることをやっていくのが大切だと思います。

7　宗教は女性やシニアに活躍《かつやく》の場を与《あた》えるもの

女性のプロ職業として、いちばん古いものの一つが宗教家

質問者E　女性の場合、大学進学、就職、結婚《けっこん》と進んでいくと、例えば、結婚相手など、周囲との関係のなかで自分自身の心が揺《ゆ》れることもあると思いますが、どのようなことが起きようとも宗教修行《しゅぎょう》を続けていく秘訣《ひけつ》があれば、お教えいただければと思います。

大川隆法　これは難しい問題ですね。

もともと、宗教家というのは、女性のプロフェッショナルとしては、いちばん古いものの一つではあるんですよ。仏教であれば、いちおう、男女で修行する形態は

分けたけれども、元祖から「尼《あま》」というのは存在していましたからね。

要するに、二千五百年前に、「プロの宗教家」として存在していたわけなので、職業として見たら、これはそうとう古い職業でしょう。

二千五百年も前に女性の哲学者《てつがくしゃ》を量産した仏教教団

大川隆法　中村元《なかむらはじめ》（仏教学者）は、仏教教団において、名のある女性が大量に出てきているのを見て、「二千五百年も前に女性の哲学者《てつがくしゃ》が量産されたのは、すごいことだ」というようなことを言っていたと思います。

「女性が自分の考えでもって悟《さと》りを表現しようとしている」ということは、ある意味では、文明史的に見て非常に優《すぐ》れたことです。そういう女性を量産するシステム、教育によって次々につくり出すシステムがあったのは、すごいことなのです。

ただ、それは初期の段階では、プロフェッショナルにとって、結婚制度と両立できるものではありませんでした。今で言えば、「女教師をするなら独身で」というような状態に近かったでしょうか。もちろん、在家《ざいけ》の場合は結婚していてもよかったわけですが。

今の幸福の科学は、半《なか》ば出家《しゅっけ》と在家が混ざったような状態になっています。そして、「出家より在家のほうが修行している」というようなところも一部あります。出家者が怯《ひる》むのは、「在家の人は、植福《しょくふく》でお金を出し、また、研修を受けて勉強がどんどん進んでいるのに、出家者のほうは、教団の事務や支部運営等を受け持っているので動けず、全然、研修を受けられない。これだと、在家のほうが修行が進んでしまう」ということです。

それで困ったりするのですが、なかには在家に嫉妬《しっと》する人まで出てきたりすることもあって、難しいのです。

死後に救われるために大切な「どの宗教に所属していたか」

大川隆法　私もときどき言っているのですが、宗教修行は一生を貫《つらぬ》くものであり、

「若いころにやったけれども、そのあとは放棄《ほうき》してしまった」というようなことでは駄目《だめ》なところがあります。

最期《さいご》、亡《な》くなるときには、新しく入学し直すようなかたちで、あの世に移行しなくてはいけないので、そのときにコンディションが出来上がっていなくてはいけないのです。これを忘れてはいけないと思います。

「若いころには熱心にやったけれども、晩年は無神論で宗教を捨てた」ということでは、やはり、駄目なところはあると思うのです。

また、あの世で救済するときには、「生前、どの宗教に所属していたか」というのは非常に大きなことです。それによって、「死後、どこが責任を持ってフォローするか」ということがはっきりするわけです。だから、「無宗教です」ということは喜んで言ってはいけないことであり、極《きわ》めて危険なことなのです。

本人に信仰《しんこう》が立っていなかった場合には、死後、家族のなかで宗教に縁《えん》のある人が持っている信仰のところに救いを求めていくしかなくなります。そういう状況《じょうきょう》にあるのです。

もちろん、人によっては、植福というか、寄付はあまりできないかもしれませんが、それでも、「信仰は持ち続けたほうがよい」ということを、私は申し上げたいのです。

晩年の〝仕事〟として、宗教活動ほどよいものはない

大川隆法　自分がこの世で持っている仕事に何か差し障《さわ》りがあるところまでやりすぎていて、「両立できない」というような場合には、適度に調整し、どちらもできる範囲《はんい》内でやっていかれたらよいと思います。

ただ、定年後、仕事がなくても何とか暮らしていけるレベルの人であれば、晩年の〝仕事〟としては、宗教活動ほどよいものはないのではないかと思います。

それは、人助けになりますし、自分にとっては、あの世への〝入学準備〟にもなるので、最高なのです。年齢《ねんれい》の高い方は宗教性を高めていただきたいし、そういう

人から「あの世や魂《たましい》はある」と言われると、抵抗《ていこう》が少なくなる面もあるのです。

この世的に、いろいろと成功なさった方等は、できれば、その仕事が終わった段階で、「出家であるかどうか」は別にして、伝道師として活動していただければ本当にありがたいと思います。社会的に活躍《かつやく》して信用のある方が伝道してくだされば、話を聴《き》いてくれる人の数は増えます。

若い人が一生懸命《いっしょうけんめい》にそれをやっても、なかなか聴いてもらえないんですよね。二十代の人が、「死んでも、あの世があるんですよ」と一生懸命に言っても、七十代や八十代の人には、「素直《すなお》には聴けないなあ」という感じが、やはりあるでしょう。孫から説教されたようで、すんなりとは聴けず、「小遣《こづか》いでもあげようか」という感じになってしまうのではないかと思うのです。

したがって、若い人の場合には、教学や精神統一などを、もう一段、一般《いっぱん》の在家の方よりも深く行うことで、「若くても、この人には気高《けだか》いもの、凛《りん》としたものがある」と感じさせなくてはなりません。

これは、学校の先生と同じだと思うのです。子供の親が、先生より年上だったり、社会的地位がすごく高かったりしても、小学校であれ中学校であれ、学校の先生は先生なので、いちおう先生として扱《あつか》わなくてはいけません。

それと同じように、宗教者にも、一定の「資格」と「権威《けんい》」がなければいけないのではないかと思うのです。

宗教は、「金銭的な対価を伴《ともな》うかどうか」ということは別にして、仕事としては一生続けられるものです。形態が変わって、強くなったり狭《せま》くなったり、いろいろと動きはあると思いますが、一生やれるものではないかと思うのです。

特に、当会の教えには人生学的なもののもそうとう入っているので、ほかの職業をやっていても、たぶん、いろいろなかたちで役に立つことはあると思います。

ですから、「二足のわらじ」を履《は》く場合には、本業以外に伝道師的な側面を持っていてくだされば、本当にありがたいと思うのです。

8　なぜ、現代の宗教者の多くは、霊《れい》や信仰《しんこう》を語れないのか

仕事にプライドを持てないお坊《ぼう》さんが多いのは

質問者E　修行《しゅぎょう》の途中《とちゅう》で、「自分をよく見せたい」とか「人からよく見られたい」とかいう思いが出てくることがあります。「偽物《にせもの》の自分」「偽我《ぎが》」に気づき、戒《いまし》めていくためのポイントがあれば、お教えください。

大川隆法　「偽我」まで行くのかどうかは分からないのですが、述べておきたいことがあります。

私の同級生にはお寺のお坊《ぼう》さんの子供もいたので、知っているのですが、その人は、「お寺の子」と言われることに対して、「とても恥《は》ずかしい」という思いを持っ

ていました。

小さいころからお経《きょう》や漢文を読まされたりしていましたし、謡曲《ようきょく》のようなものをやったりもしていましたが、朗々《ろうろう》とお経を読むためには、やはり、喉《のど》を鍛《きた》えないといけないのでしょうか。ただ、お寺の子であることを、「とても恥ずかしい」と感じていたのです。

また、私が大学に入ったときのことですが、次のようなことがありました。全然知らない人だったのですが、受験時に旅館が一緒《いっしょ》だったことのある人が声をかけてきました。その人は文学部系に入ったようでしたが、入ってすぐに、「自分は教職を取って郷里に帰り、高校の先生をしながら、お寺の跡《あと》を継《つ》がなくてはいけないのだ」というようなことを言っていたのです。

だいたい、「お寺の仕事だけでは食べていけない」という感じであり、「教員資格を取り、学校で教えながら、土日だけ法事《ほうじ》をする」というようなかたちが、今のお坊さんが生きていけるライフスタイルなのだと思います。

やはり、今は昔とは違《ちが》い、お坊さんには、「社会的に尊敬されていない」というところがあるのでしょうか。

空海《くうかい》の時代には、〝最先端《さいせんたん》のインテリ〟がお坊さんでしたが、今は違っていて、僧侶《そうりょ》の仕事は副業ぐらいの感じなのかと思います。田舎《いなか》では、僧職は中学校か高校の先生の副業であり、法事を週末にまとめてやったり、夜にやったりしているような僧侶が多いのですが、実際、お寺の仕事だけでは食べていけないのかもしれません。

そういうことなので、僧侶としての仕事にプライドを持てない人は多いのではないかと思います。

「死者の魂《たましい》の扱《あつか》い」を説けない「坊主《ぼうず》カフェ」

大川隆法　いちばんがっかりするのは、お坊さんの格好《かっこう》をしている人に信仰心《しんこうしん》などがないように見えるときです。

東日本大震災《だいしんさい》のあと、「被災《ひさい》した方々の心のケアをする」と言って、お坊さんたちが、「坊主《ぼうず》カフェ」というものを始めました。それは、テレビ番組で取り上げられたり、本などで紹介《しょうかい》されたりしました。

しかし、そのお坊さんたちに信仰心がなさそうなのを見たときには、非常にがっかりしました。口では「被災者の心のケア」と言っていますが、それは、この世的に分かりやすいことだからです。

彼らには、「亡《な》くなった方の魂《たましい》が救われているかどうか」ということが分かりませんし、法力《ほうりき》がなく、死者の魂を救うこともできません。そのため、「今、生きている人」の感情を救うというか、それを慰《なぐさ》め、心の傷を少し癒《い》やすような感じで、「坊主カフェ」をタダ（無料）でやってみたところ、それがほめられたりしているわけです。

ただ、テレビ画面に映《うつ》っているお坊さんが、「亡くなった方について、どう思っているのですか。その人たちは、どうしたら成仏《じょうぶつ》できるのですか」という、その人にとっていちばん怖《こわ》い、〝直球〟の質問をされたら答えられないのが、見ていてすぐに分かるのです。

このへんに自信を持っていないところが、やはり「弱い」のだと思います。

霊的《れいてき》なことを語らない、精神科医のような僧侶《そうりょ》たち

大川隆法　お寺で宗旨《しゅうし》を教えていても、「本当にあの世があるかどうか」ということについて、分からない人が大勢います。

例えば、禅宗《ぜんしゅう》では、「只管打坐《しかんたざ》」といって、「ただただ坐《すわ》ることが大事だ」と教えていますが、これは、釈尊《しゃくそん》が坐禅をしていたことの「かたち」をまねているのであり、もともとはインドのヨガの流れです。岩場に坐って、川を見ながら瞑想《めいそう》していたのです。

禅宗では、かたちは同じですけれども、中身がなくて作法《さほう》しかないので、霊《れい》のことについて訊《き》かれ、「あの世は、どうなっているのですか。死んでから、どうなり

ますか」と問われても、答えられません。これは悲しいことです。
それから、浄土真宗《じょうどしんしゅう》の僧侶《そうりょ》で、立場が上がって偉《えら》くなった方が、「ところで、阿弥陀《あみだ》様は本当にいらっしゃるのですか」と質問されたら、「いやあ、会ったことは一度もないので、分からないんです」と。

質問者E　本来、人の魂を救う側にあるはずの宗教家がそのような状態なのは、とても悲しいことであると思います。

大川隆法　浄土真宗の信者数は、公称《こうしょう》で一千万人ぐらいと言われてもいますが、「どうなんでしょうね。いるんでしょうか。いないんでしょうか」とプロに言われたら、それを信仰している人たちは、どうなるのでしょうか。
「『南無阿弥陀仏《なむあみだぶつ》』と言えば救われる」ということになっているのに、門主《もんしゅ》か何かを務めている人が、「あの世は本当にあって、死んだときには、『南無阿弥陀仏』と言ったら、阿弥陀様が迎えに来てくれるのだろうか」という問いに答えられないのです。

あるいは、親鸞《しんらん》的に言えば、「『南無阿弥陀仏』と唱《とな》える前に、発心《ほっしん》した段階で救いに来てくれる」ということになるのですが、「本当かな」というところがあり、現代的には、なかなか信じられない状態です。

似たようなところは、ほかの宗教にもあって、本職のような人が、そのへんをきちんと言えないのです。これは悲しいことです。

霊的な話に関しては、テレビ局が真夏にお盆企画《ぼんきかく》の特集番組を放送し、「死んだ人が、夜、帰ってきた」「幽霊《ゆうれい》を視《み》た」「戦地で亡くなった人が、亡くなったころ、お母さんに会いに来た」などという怪奇譚《かいきたん》を取り上げて、「もしかしたら、霊はあるかもしれない」と感じさせるようなときにだけ盛り上がるのです。

一方、住職《じゅうしょく》のほうは、霊的な話についてはたいていごまかして、不可知論《ふかちろん》（物事の本質は認識できないとする立場）風に逃《に》げ、「亡くなった方の思い出を大事にすることが必要です」「遺《のこ》された方の心の痛みを慰めるのが僧侶の仕事です」と言ったりしています。

要するに、僧侶の仕事を精神科医の仕事に似せるような傾向《けいこう》が、けっこう強いのです。

当会のやっている仕事は、そういう（伝統仏教の）本職のほうに、今、〝球《たま》が入っている〟と思うのですが、「もう少し自信を持って言えるようになるとよい」と思います。

キリスト教も霊界《れいかい》の実態について分かっていない

大川隆法　キリスト教にも怪《あや》しいところはあります。「イエスを信じたら、本当に救われるのですか」と（僧職者に）訊くと、「いや、本当のところは、よく分からない」と言われ、「キリスト教を信じなかった人は、みな地獄《じごく》に行っているのですか」と訊いても、「本当のところは、よく分からない」と言われます。

それから、仏教だと、地獄に堕《お》ちても、まだ救われる余地があるのですが、キリスト教の場合、いったん地獄に堕ちたら、もう永遠に出られないことになっています。しかし、それで本当に正しいのでしょうか。

キリスト教では、天国と地獄の中間に「煉獄《れんごく》」というものを想定し、「キリスト教がなかった時代の宗教を信じていたような人たちは煉獄にいて、そこで悔《く》い改め、キリスト教に改宗したら、天国に上がれる」というようなことを言ってはいるのですが、そのわりには、世界にいろいろな宗教がありすぎます。

キリスト教を勧《すす》める上では、「キリスト教でなければ救われない」と言うのは都《つ》合《ごう》がよいのでしょうが、「霊界《れいかい》の実態について分かっているのですか」と言いたくなるので、そのあたりに関しては、やはり厳しいところはあるわけです。

9　形骸《けいがい》化している宗教界に「生命《せいめい》」を与《あた》えたい

なぜ、供養《くよう》をするお坊《ぼう》さんが、後ろめたさを感じるのか

大川隆法　幸福の科学は、新宗教として批判を受けるところも多いと思うのですが、仕事として、やはり、われわれは霊界《れいかい》の真実を伝え、「死んでから、どうなるのか」ということや、「不成仏《ふじょうぶつ》霊になった場合、助かるためのポイントは何なのか」というようなことに関する知識を、もっともっと弘《ひろ》めていかなくてはならないのではないかと思います。

今は、「お寺だけでもコンビニより数が多い」と言われている時代です。コンビニの数は、最大手だと一万数千店以上で、全社を合わせると数万店ぐらいはあるのだろうと思いますが、「コンビニの数よりもお寺の数のほうが多い」と言われてい

るのです。

お寺は、通常、だいたい百戸《こ》ぐらいの檀家《だんか》を持っているかと思うのですが、墓守《はかもり》、墓の管理人をしているだけで、教えを説けていないレベルが多いと言えます。法事《ほうじ》などのときには、少しはお経《きょう》を読むのでしょうが、そのお経の内容を現代語で話すことができないでいます。

コンビニより数の多いお寺に、もう少し活性化していただき、人々の信仰心《しんこうしん》等を耕していただければ、「無宗教化している」と言われる日本において、砂漠《さばく》がきちんとした農地になり、実りを生むようになるのではないかと思うのです。

形骸《けいがい》化しているというか、かたちだけになって中身が死んでいるものに「生命《せいめい》」を与《あた》えることも、幸福の科学の仕事かと思います。今は、そう思って仕事をしています。

先ほど、「この世的によく見られたいという偽我《ぎが》がある」と言っていましたね。そういう面もあるかもしれませんが、むしろ、自分自身のやっている仕事に自信がないのではないでしょうか。親の仕事を継《つ》いでいるような人が多いと思うのですが、そういう人の場合、自分のやっている仕事について、本当の意味のプライドや、内容に対する自信を持てないのではないかと思います。

車をつくる場合には、組み立てて一台できれば、成果がはっきりあるわけですが、供養《くよう》等に関しては、成果があったかどうかが実は分からないので、そういうところに対する後ろめたさや、弱気があるのではないかと思います。

「伝統的な教え」もありますが、「作法《さほう》」に偏《かたよ》りすぎているものも多いと思うので、内容については、幸福の科学の教えも取り入れてほしいものです。

昔、聖徳太子《しょうとくたいし》の生まれた六世紀ごろに、仏教が日本に入ってきましたが、教えの中身のほうでは、仏教が神道《しんとう》にそうとう影響《えいきょう》を与えていると思います。

今、ほとんどの宗教がかたちだけに流れているので、「中身のほうで、幸福の科学の教えを採用していただいて構わないんですよ。葬儀《そうぎ》や法事などのときに遺族に話をする際、当会の教えを取り入れて話をしていただいて構わないんですよ」と私は言いたいのです。

宗教そのものへの社会的な信頼《しんらい》や尊敬を高めたい

大川隆法　「自分たちだけ、幸福の科学だけの問題ではなくて、宗教そのものへの社会的な信頼《しんらい》や尊敬が、もう少し高まるようにしたい」と私は思っています。

そのために、本業以外の仕事にも、多少、手を広げています。「もしかしたら、〝大振《おおぶ》り〟をしすぎているのかなあ」という気もしないではなく、骨が折れることをたくさんやっているところもあるのですが、周りから見ていて、「社会的信用をつくる」というやり方がよく分かる教団は、幸福の科学ぐらいらしいのです。

一九九一年に、当会は宗教法人格を取り、私は東京ドームで講演をしたので、マスコミに騒《さわ》がれました。

一九九二年には、統一協会《とういつきょうかい》（現・世界平和統一家庭連合）もマスコミによく取り上げられましたが、それは、その教団がマスコミに〝撃《う》ち落とされた〟年でもあるのです。

そのころに当会が調査したものを見ると、読売新聞社の記者が、「幸福の科学が何年もかけて営々《えいえい》と築き上げてきた社会的信用のようなものを、『フライデー事件』で失ってしまうのは、もったいないのではないか」というような意見を述べていました。

また、一九九一年の夏過ぎぐらいだったでしょうか、普段《ふだん》は宗教について何も語らない日本経済新聞に、幸福の科学の記事が特集のようなかたちで初めて出ました。それは、「岐路《きろ》に立つ幸福の科学」というような見出しの記事で、「幸福の科学は、どうなるのか。このまま大教団になるのか。それとも、消えていくのか」という感じの内容でした。最終面を使い、全面ではなかったものの、三分の二ぐらいを取って書いてあったのです。

日経に載《の》ったのはそのときだけで、そのあとは広告しか載せてくれません。経済新聞が当会の記事を載せるのは珍《めずら》しいことではありましたが、そのような内容の記

●フライデー事件　1991年5月から講談社が「週刊フライデー」誌上などで幸福の科学を誹謗・中傷し始め、同年9月、それに対して信者たちが抗議した出来事。

事で載せたこともあります。

全体的には、そうした大手新聞社等は、幸福の科学のやり方をじっと見ていて、「信用を積み重ねようとするやり方を取っているのだな」という感想を持っていたようです。そして、「騒動《そうどう》（フライデー事件）が起きたことで、信用が失われるのかどうか」という視点で見ていたようです。

なぜ、マスコミの「幸福の科学の扱《あつか》い」は他宗と違《ちが》うのか

大川隆法　その後も、「幸福の科学は、どうするか」ということを、マスコミはずっと見ていたと思いますが、「本で攻《せ》めていったのは、よかったのではないか。書籍《しょせき》から信用を積み上げていき、布教《ふきょう》していったのは、信用をつくる意味では、よかったのではないか」というように見ているようです。

当会の中身はだんだん進化していますし、深くなっています。守備範囲《はんい》を広げていき、「できるだけ多くの人たちを救おう」という気持ちで努力している当会の姿

勢自体は、きちんとマスコミに伝わってはいるのです。

ただ、それをマスコミはストレートには言ってくれないので、一般《いっぱん》の人たちは、幸福の科学という宗教が、社会的にどんなものなのか分からないし、ほかの宗教との違《ちが》いも分からないという扱《あつか》いをすることも多いのです。

結局、マスコミは宗教に違いがあること自体については、もう分かっているのですが、それを十分に報道していないだけなのです。

例えば、オウム真理教や統一協会など、当会と似た時期にマスコミに取り上げられた宗教の人は、「なぜ幸福の科学に対する扱いは少し違うのか？　自分たちも同じはずなのに」と不思議に思うようですが、その理由が分からないわけです。「自分たちも一緒《いっしょ》のはずなのに」と思って、当会のまねをしてやろうとしたら、バーンと叩《たた》かれたりするので、「なぜだ」と言うのですが、マスコミは、彼らと当会との微妙《びみょう》な違いを分かっているのです。

それが分からなければ、やはり、社会人として十分ではありません。当会の仕事の仕方を見て、「ああ、信用を大事にしてやっているんだな」ということが分かっているわけです。

収入の一部を宗教に寄付するのは尊いこと

大川隆法　渡部昇一《わたなべしょういち》先生が生前、私と対談したとき、「『奪《うば》う』感じがないんですよね。ほかの宗教では、何か、すぐお金を奪う感じが強いけれども、幸福の科学には、そういう感じがないんですよね」と言っていました。

そのとおりであり、初期には、本を出し、あとは行事のときに参加費を頂いていましたが、普段、それほど拘束《こうそく》はしていませんでした。ある意味では、お金をあまり頂いていなかったのです。

ところが、一九九一年に「フライデー騒動」があったとき、某《ぼう》社から〝兵糧《ひょうろう》攻め〟をされ、本の返本を大量に仕掛《しか》けられたため、経営的に厳しくなってきました。そのとき、初めて、会員さんたちからお金を借りたのですが、当時は、まだ、「寄付してください」とは言えませんでした。律儀《りちぎ》と言えば律儀です。

そのときは、会員さんからお金を借りて急場をしのいだのですが、そのあと、その借金を全部返済しました。これまた、宗教としては律儀です。返済していき、借金がなくなったのです。

それからあと、だんだん宗教らしくなってきて、今では、「植福《しょくふく》」というかたちで献金《けんきん》を頂けるようにもなり、宗教性は増していると思います。

私が会社勤めをしていた経験も関係があるのだろうと思うのですが、当会には、宗教の伝統的なやり方をそのままスポッと使えなかったところがあります。もっとも、今はそうではありません。

例えば、月に三十万円の収入のある人が、三万円なら三万円、一万円なら一万円を、バンと教団の支部で寄付することは、通常、この世的な人にはできにくいことです。三万円があれば、「ゴルフに行ける」とか、「週末にどこかに遊びに行ける」とか、「お酒が飲める」とか、そういうことがあるわけです。それなのに、欲を一つ節して、宗教のために、月収の一割などを寄付するのは、見上げたものなのです。これは簡単なことではありません。

カラオケで歌わず、カラオケ店にお金を落とさないで、それを宗教に寄付するとします。「そのお金がどう使われているか」ということについては、教団を信頼するしかありませんが、そういう寄付をすることは、昔から言っているとおり、尊いことなのです。

お布施《ふせ》を受ける側は慎《つつし》み深くなければならない

大川隆法　そこで、寄付を受ける側である、宗教のなかにいる人たちにとっては、その浄財《じょうざい》をできるだけ活《い》かす使い方をしていくことが大事です。

その意味では、なかにいる人たちは、外の世界にいる人たちより不自由かもしれません。しかし、それは、学校の先生がそれほど自由に遊べないことと同じです。

「生徒の生活指導をしている先生がたが、実は、夜も土日も、いろいろなことをして遊んでいる」ということでは、生徒は言うことをなかなかきいてくれませんし、親も先生を信用しません。

「あの先生は、給料を使って遊びまくっている。毎日、夜には酒場に出入《でい》りし、明け方まで飲んだくれ、ぼんやりした頭で、酒臭《くさ》い臭《にお》いをさせながら授業をやっている。週末には、競馬《けいば》や競輪をやりまくっているし、雨が降ったらパチンコばかりやっている」と言われ、その目撃者《もくげきしゃ》は数多くいて、生徒もその親も目撃していると します。

そういう人が、授業中に、「黙《だま》って、おとなしく授業を聴《き》きなさい」と生徒に言っても、教室が荒《あ》れているのを止められません。やはり、その人には身を正さないといけないところがあるのです。

学校の先生でもそうなのです。ましてや、信者のみなさんが、尊いお布施《ふせ》をしてくださっている教団であるならば、やはり、ある程度、慎《つつし》み深くなくてはいけないところがあるのではないかと思うのです。

それを「不自由だ」と思うかもしれません。会社などで羽振りよくお金を使っている人たちに比べれば、それが不自由に見えるかもしれません。しかし、その仕事は、学校の先生よりも、もう一段、神仏に近い「神職《しんしょく》」なのですから、やはり、そういう面がなくてはいけないでしょう。

それは神社でも同じだと思います。神社の巫女《みこ》さんや神主《かんぬし》さんも人間なので、着《き》替《が》えをしたら、カラオケで盛り上がり、酒を飲んでもよいのだとは思いますが、現実には、そういうことをしていたら、周りの人たちは、「この人が行う祈願《きがん》は効くのだろうか」という気持ちになるでしょう。

したがって、自分に、「こうしたい。ああしたい」という欲望はあっても、その部分を取り除《の》けて、「公《おおやけ》」のために自分を差し出さなくてはいけない面があるのではないでしょうか。

欲望の一部を抑《おさ》え、「田の畦《あぜ》」や「水路」に当たる部分をつくれ

大川隆法　それは、ちょうど田の畦《あぜ》と同じです。田んぼの土地全部に苗《なえ》を植えて稲《いね》を刈《か》り入れたら、収穫量《しゅうかく》が増えるので、それをやりたいところだけれども、田んぼをきちんと区分し、畦道をつくることで、農作業がいろいろと便利になっていきます。

畦道の部分自体は実りを生まないのですが、欲望を抑え、畦道をつくることによって、より生産性が高まっていくところがあるでしょう？

そういうところがあるので、自分の欲望を全部満たすのではなく、その一部を抑えなくてはなりません。「公共性」のことを考えて畦道をつくれば、みんながその畦道を使って農作業をできるようになるのです。

あるいは、水路もそうです。

水を運ぶ「水路の部分」は、米をつくれない部分ですが、それがあるおかげで、

多くの田が潤《うるお》い、使えるようになるわけです。

自分が「本当に不自由だな」と思って、我慢《がまん》したり抑えたりしているところは、実は、田の畦や水路の部分なのです。

そのことは知っていなければいけないのではないかと思います。

以上、参考になったかどうか、分かりませんけれども、「宗教者の条件」を話す必要性を感じたら、折々に話をしていくのがよいのではないかと思います。

質問者E　はい。ありがとうございました。

あとがき

この世的成功と宗教者としての成功は同じではない。単に、虚栄心やうぬぼれ、権力欲、支配欲、物質欲、金銭欲、動物的強者になることが、人生の目的ではない。

困難の時代にあって、いかに生き切るか。

第三者の目、特に神仏の目から、自分の人生を日々振り返りつつ精進《しょうじん》し続けることこそ、人としての真の賢《かしこ》さといえるだろう。

二〇一八年　四月十日

幸福《こうふく》の科学《かがく》グループ創始者兼総裁《そうししゃけんそうさい》　大川隆法《おおかわりゅうほう》

『宗教者の条件』関連書籍

『真実の霊能者』（大川隆法 著　幸福の科学出版刊）
『悪魔からの防衛術』（同右）
『正しい供養　まちがった供養』（同右）
『フランクリー・スピーキング』（同右）

宗教者《しゅうきょうしゃ》の条件《じょうけん》

――「真実」と「誠」を求めつづける生き方――

2018年 4 月26日　初版第 1 刷
2019年10月17日　第 4 刷
2023年 8 月 4 日　改版第 1 刷
2025年 4 月14日　第 2 刷

著　者　大《おお》 川《かわ》 隆《りゅう》 法《ほう》

発行所　幸福の科学出版株式会社

〒107-0052 東京都港区赤坂 2 丁目 10 番 8 号
TEL(03)5573-7700
https://www.irhpress.co.jp/

印刷・製本　株式会社 堀内印刷所

落丁・乱丁本はおとりかえいたします

ISBN978-4-86395-994-1 C0014
カバー, p.15, p.97 LedyX/Shutterstock.com
装丁・イラスト・写真（上記・パブリックドメインを除く）© 幸福の科学

大川隆法ベストセラーズ・宗教修行の指針

真説・八正道

自己変革のすすめ

釈尊が説いた「八正道」の精髄を現代的視点から説いた一書。混迷の時代において、新しい自分に出会い、未来を拓くための指針がここにある。

1,870 円

沈黙の仏陀

ザ・シークレット・ドクトリン

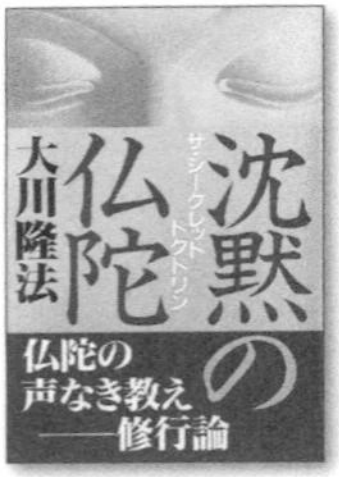

本書は、戒律や禅定などを平易に説き、仏教における修行のあり方を明らかにする。現代人に悟りへの道を示す、神秘の書。

1,923 円

信仰と情熱

プロ伝道者の条件

道を求めることの厳しさ、道を伝えることの厳しさが説かれた「情熱の書」。仏道修行者として生きていく上で不可欠の指針と仏陀の本心が示された、救世の時代に必読の一冊。

1,870円

悪魔の嫌うこと

悪魔は現実に存在し、心の隙《すき》を狙ってくる！悪魔の嫌う３カ条、怨霊《おんりょう》の実態、悪魔の正体の見破り方など、悪魔から身を護るための精進の指針がここに。

1,760 円

※表示価格は税込10％です。

大川隆法ベストセラーズ・自助努力の人生を生きる

なお、一歩を進める

厳しい時代を生き抜く「常勝思考の精神」

「一歩、一歩を進める」ということを、努力の目標としてやっていく──。全世界の幸福のために3200書以上を世に送り出している幸福の科学総裁が説く「不屈の人生論」。

2,200円

私の人生論

「平凡からの出発」の精神

「『努力に勝る天才なし』の精神」「信用の獲得法」など、著者の実践に裏打ちされた「人生哲学」──。人生を長く輝かせ続けるための深い智慧が明かされる。

1,760円

自助論の精神

「努力即幸福」の境地を目指して

運命に力強く立ち向かい、「努力即幸福」の境地へ──。嫉妬心や劣等感の克服、成功するメカニカルな働き方等、実践に基づいた珠玉の人生訓を語る。

1,760円

自分を鍛える道

沈黙の声を聞き、本物の智慧を得る

成功を持続させる極意がここに。本書の題名どおり、「自分を鍛える道」そのものの人生を生きてきた著者が明かす、「知的生産」の源泉と「創造」の秘密。

1,760円

幸福の科学出版

大川隆法ベストセラーズ・自他共に幸福な人生を歩む

自も他も生かす人生

あなたの悩みを解決する「心」と「知性」の磨き方

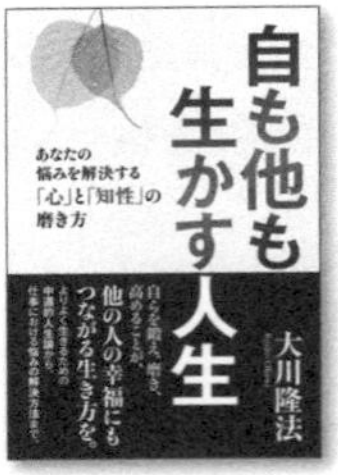

自分を磨くことが周りの人の幸せにつながっていく生き方とは？　悩みや苦しみを具体的に解決し、人生を好転させる智慧がちりばめられた一冊。

1,760円

愛の原点

優しさの美学とは何か

この地上を優しさに満ちた人間で埋め尽くしたい──。人間にとって大切な愛の教えを、限りなく純粋に語った書。「現代の四正道」の第一原理である「愛」を深めたいあなたに。

1,650円

人を愛し、人を生かし、人を許せ。

豊かな人生のために

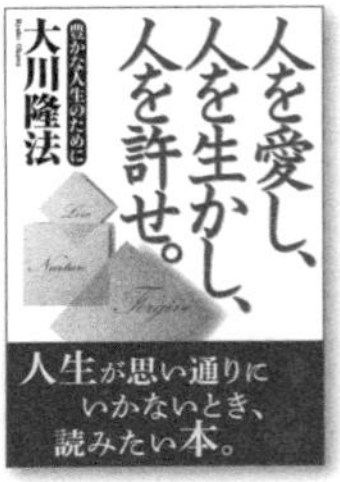

愛の実践や自助努力の姿勢など、豊かな人生への秘訣を語る、珠玉の人生論。心を輝かす数々の言葉が、すがすがしい日々をもたらす。

1,650円

人格をつくる言葉

書き下ろし箴言集

人生の真実を短い言葉に凝縮し、あなたを宗教的悟りへと導く、書き下ろし箴言集。愛の器を広げ、真に魅力ある人となるための100の言葉。

1,540円

※表示価格は税込10%です。

大川隆法ベストセラーズ・霊的世界の実相を学ぶ

永遠の法

法シリーズ 第3巻

エル・カンターレの世界観

すべての人が死後に旅立つ、あの世の世界。天国と地獄をはじめ、霊界の次元構造を明確に解き明かした一書。主エル・カンターレの説く空間論がここに。

2,200円

地獄の法

法シリーズ 第29巻

あなたの死後を決める「心の善悪」

どんな生き方が、死後、天国・地獄を分けるのかを明確に示した、姿を変えた『救世の法』。現代に降ろされた「救いの糸」を、あなたはつかみ取れるか。

2,200円

地獄界探訪

死後に困らないために知っておきたいこと

死んだあとの世界まで考えると、この世でどう生きるべきかが分かる――。大川隆法総裁が霊界探訪をして解き明かした、地獄の実態と悟りへの指針。

1,760円

霊界散歩

めくるめく新世界へ

人は死後、あの世でどんな生活を送るのか。現代の霊界の情景をリアルに描写し、従来の霊界のイメージを明るく一新する書。

1,650円

大川隆法ベストセラーズ・主なる神エル・カンターレを知る

太陽の法

法シリーズ 第1巻

エル・カンターレへの道

創世記や愛の段階、悟りの構造、文明の流転等を明快に説き、主エル・カンターレの真実の使命を示した、仏法真理の基本書。1987年の発刊以降、全世界25言語で愛読されている大ベストセラー。

2,200円

メシアの法

法シリーズ 第28巻

「愛」に始まり「愛」に終わる

「この世界の始まりから終わりまで、あなた方と共にいる存在、それがエル・カンターレ」──。現代に降臨した地球神が示す、本当の「善悪の価値観」と「真実の愛」。

2,200円

地球を包む愛

人類の試練と地球神の導き

地球の最終危機を乗り越え、希望の未来を開くために──。天御祖神の教えと、その根源にある主なる神「エル・カンターレ」の考えが明かされた、地球の運命を変える書。

1,760円

幸福の科学グループのご案内

宗教、教育、政治、出版、芸能文化などの活動を通じて、地球的ユートピアの実現を目指しています。

幸福の科学

一九八六年に立宗。信仰の対象は、大宇宙の根本仏にして地球系霊団の至高神、主エル・カンターレ。世界百七十九カ国以上の国々に信者を持ち、全人類救済という使命の下、信者は、主なる神エル・カンターレを信じ、「愛」と「悟り」と「ユートピア建設」の教えの実践、伝道に励んでいます。

（二〇二五年四月現在）

愛

幸福の科学の「愛」とは、与える愛です。これは、仏教の慈悲《じひ》や布施《ふせ》の精神と同じことです。信者は、仏法真理をお伝えすることを通して、多くの方に幸福な人生を送っていただくための活動に励んでいます。

悟り

「悟り」とは、自らが仏の子であることを知るということです。教学《きょうがく》や精神統一によって心を磨き、智慧《ちえ》を得て悩みを解決すると共に、天使・菩薩《ぼさつ》の境地を目指し、より多くの人を救える力を身につけていきます。

ユートピア建設

私たち人間は、地上に理想世界を建設するという尊い使命を持って生まれてきています。社会の悪を押しとどめ、善を推し進めるために、信者はさまざまな活動に積極的に参加しています。

海外支援・災害支援

幸福の科学のネットワークを駆使し、世界中で被災地復興や教育の支援をしています。「HS・ネルソン・マンデラ基金」では、人種差別をはじめ貧困に苦しむ人びとなどへ、物心両面にわたる支援を行っています。

自殺を減らそうキャンペーン

毎年２万人を超える自殺を減らすため、全国各地で「自殺防止活動」を展開しています。

公式サイト **withyou-hs.net**

自殺防止相談窓口

受付時間　火～土:10～18時（祝日を含む）

TEL **03-5573-7707**　メール **withyou-hs@happy-science.org**

ヘレンの会

公式サイト **helen-hs.net**

視覚障害や聴覚障害、肢体不自由の方々と点訳・音訳・要約筆記・字幕作成・手話通訳等の各種ボランティアが手を携えて、真理の学習や集い、ボランティア養成等、様々な活動を行っています。

幸福の科学 入会のご案内

幸福の科学では、主エル・カンターレ 大川隆法総裁が説く仏法真理《ぶっぽうしんり》をもとに、「どうすれば幸福になれるのか、また、他の人を幸福にできるのか」を学び、実践しています。

入会

仏法真理を学んでみたい方へ

主エル・カンターレを信じ、その教えを学ぼうとする方なら、どなたでも入会できます。入会された方には、『入会版「正心法語《しょうしんほうご》」』が授与されます。

入会ご希望の方はネットからも入会申し込みができます。

happy-science.jp/joinus

三帰《さんき》誓願《せいがん》

信仰をさらに深めたい方へ

仏弟子としてさらに信仰を深めたい方は、仏《ぶっ》・法《ぽう》・僧《そう》の三宝《さんぽう》への帰依を誓う「三帰誓願式」を受けることができます。三帰誓願者には、『仏説・正心法語』『祈願文《きがんもん》①』『祈願文②』『エル・カンターレへの祈り』が授与されます。

幸福の科学 サービスセンター
TEL 03-5793-1727
（受付時間／火～金:10～20時　土・日祝:10～18時（月曜を除く））

幸福の科学 公式サイト
happy-science.jp

幸福実現党

日本の政治に精神的主柱を立てるべく、2009年5月に幸福実現党を立党しました。創立者である大川隆法党総裁の精神的指導のもと、宗教だけでは解決できない問題に取り組み、幸福を具体化するための力になっています。

幸福実現党 党員募集中

あなたも幸福を実現する政治に参画しませんか。

＊申込書は、下記、幸福実現党公式サイトでダウンロードできます。

住所：〒107-0052
東京都港区赤坂2-10-8 6階 幸福実現党本部
TEL 03-6441-0754　FAX 03-6441-0764
公式サイト hr-party.jp

HS政経塾

大川隆法総裁によって創設された、「未来の日本を背負う、政界・財界で活躍するエリート養成のための社会人教育機関」です。既成の学問を超えた仏法真理を学ぶ「人生の大学院」として、理想国家建設に貢献する人材を輩出するために、2010年に開塾しました。これまで、多数の地方議員が全国各地で活躍してきています。

TEL 03-6277-6029
公式サイト hs-seikei.happy-science.jp

ハッピー・サイエンス・ユニバーシティ
Happy Science University

ハッピー・サイエンス・ユニバーシティとは

ハッピー・サイエンス・ユニバーシティ(HSU)は、
大川隆法総裁が設立された「日本発の本格私学」です。
建学の精神として「幸福の探究と新文明の創造」を掲げ、
チャレンジ精神にあふれ、新時代を切り拓く人材の輩出を目指します。

人間幸福学部 **経営成功学部** **未来産業学部**

HSU長生キャンパス TEL **0475-32-7770**
〒299-4325 千葉県長生郡長生村一松丙 4427-1

未来創造学部

HSU未来創造・東京キャンパス
TEL **03-3699-7707**
〒136-0076 東京都江東区南砂2-6-5

公式サイト **happy-science.university**

学校法人 幸福の科学学園

学校法人 幸福の科学学園は、幸福の科学の教育理念のもとにつくられた教育機関です。人間にとって最も大切な宗教教育を通して精神性を高めながら、ユートピア建設に貢献する人材輩出を目指しています。

幸福の科学学園

中学校・高等学校(那須本校)
2010年4月開校・栃木県那須郡(男女共学・全寮制)
TEL **0287-75-7777** 公式サイト **happy-science.ac.jp**

関西中学校・高等学校(関西校)
2013年4月開校・滋賀県大津市(男女共学・寮及び通学)
TEL **077-573-7774** 公式サイト **kansai.happy-science.ac.jp**

仏法真理塾「サクセスNo.1」

TEL 03-5750-0751（東京本校）

全国に本校・拠点・支部校を展開する、幸福の科学による信仰教育の機関です。小学生・中学生・高校生を対象に、信仰教育・徳育にウエイトを置きつつ、将来、社会人として活躍するための学力養成にも力を注いでいます。

エンゼルプランV

東京本校を中心に、全国に支部教室を展開。0歳～未就学児を対象に、信仰に基づく豊かな情操教育を行う幼児教育機関です。

TEL 03-5750-0757（東京本校）

エンゼル精舎

乳幼児を対象とした幸福の科学の託児型の宗教教育施設です。神様への信仰と「四正道」を土台に、子供たちの個性を育みます。
（※参拝施設ではありません）

不登校児支援スクール「ネバー・マインド」

TEL 03-5750-1741

「信仰教育」と「学業修行」を柱に、再登校へのチャレンジと、生活リズムの改善、心の通う仲間づくりを応援します。

ユー・アー・エンゼル！（あなたは天使！）運動

一般社団法人
ユー・アー・エンゼル
TEL 03-6426-7797

障害児の不安や悩みに取り組み、ご両親を励まし、勇気づける、障害児支援のボランティア運動を展開しています。

公益活動支援

学校でのいじめをなくし、教育改革をしていくためにさまざまな社会提言をしています。
さらに、いじめ相談を行い、各地で講演や学校への啓発ポスター掲示等に取り組む一般財団法人「いじめから子供を守ろうネットワーク」を支援しています。

公式サイト mamoro.org　ブログ blog.mamoro.org
相談窓口 TEL.03-5544-8989

百歳まで生きる会 ～いくつになっても生涯現役～

「百歳まで生きる会」は、生涯現役人生を掲げ、友達づくり、生きがいづくりを通じ、一人ひとりの幸福と、世界のユートピア化のために、全国各地で友達の輪を広げ、地域や社会に幸福を広げていく活動を続けているシニア層（55歳以上）の集まりです。

【サービスセンター】TEL 03-5793-1727

シニア・プラン21

【サービスセンター】TEL 03-5793-1727

「百歳まで生きる会」の研修部門として、心を見つめ、新しき人生の再出発、社会貢献を目指し、セミナー等を開催しています。

幸福の科学出版

大川隆法総裁の仏法真理の書を中心に、ビジネス、自己啓発、小説など、さまざまなジャンルの書籍・雑誌を出版しています。また、大川総裁が作詞・作曲を手掛けた楽曲CDも発売しています。他にも、映画事業、文学・学術発展のための振興事業、テレビ・ラジオ番組の提供など、幸福の科学文化を広げる事業を行っています。

アー・ユー・ハッピー?
are-you-happy.com

ザ・リバティ
the-liberty.com

THE FACT

YouTubeにて随時好評配信中!

ザ・ファクト
マスコミが報道しない「事実」を世界に伝えるネット・オピニオン番組
公式サイト **thefact.jp**

全国36局 & ハワイで毎週放送中!

ラジオ番組 天使のモーニングコール

天使のモーニングコール
毎週様々なテーマで大川隆法総裁の心の教えをお届けしているラジオ番組
公式サイト **tenshi-call.com**

幸福の科学出版 TEL **03-5573-7700** 公式サイト **irhpress.co.jp**

NEW STAR PRODUCTION

ニュースター・プロダクション

公式サイト **newstarpro.co.jp**

「新時代の美」を創造する芸能プロダクションです。多くの方々に良き感化を与えられるような魅力あふれるタレントを世に送り出すべく、日々、活動しています。

ARI Production

ARI《アリ》 Production《プロダクション》

公式サイト **aripro.co.jp**

タレント一人ひとりの個性や魅力を引き出し、「新時代を創造するエンターテインメント」をコンセプトに、世の中に精神的価値のある作品を提供していく芸能プロダクションです。